I0099884

The Enigma of Atlántida
Andrés Ruiz Tarazona

With **The Enigma of Atlántida,** Spanish musicologist *Andrés Ruiz Tarazona*, has written a book that envelops the reader in the captivating mystery of Atlantis.

L'Atlántida , Jacint Verdaguer's poem, relates the mythological story of the submersion of Atlantis, which created the separation of Latin America from Spain by producing the Alantic Ocean. Subsequently, with the Spanish discovery of America, the two were again unified.

Spanish composer **Manuel De Falla** was born in Cadiz in 1876. While living in Granada, he started work on a Cantata. Based on Verdaguer's text of the poem *L'Atlántida,* he set about creating a large scale orchestral piece, *Atlántida.* He considered it his most important work, continuing with it when he moved to Argentina. He had not finished the work when he died in 1946. *Ernesto Halffter* completed the orchestration after the composer's death.

Also available from Opus Books

The Last Journey of Enric Granados
David Walton

Text in English, Spanish and Catalan

First published March 2008;
Second Edition September 2009

ISBN 978-0-9561536-4-7

**Copyright © Opus Publications
incorporating Opus Musica**

The Enigma of Atlántida

Andrés Ruiz Tarazona

English Translation

Helen Glaisher-Hernández

MANUEL DE FALLA

Manuel de Falla was born in Cádiz. His early teacher in music was his mother; at the age of 9 he was introduced to his first piano professor. Little is known about him at that time, but it seems that the relationship with his teacher was somewhat conflictive. From the late 1890s he studied music in Madrid - piano with José Tragó and composition with Felipe Pedrell. In 1899, by unanimous vote, he was awarded First Prize in the Piano Competition at his School of Music, and around that year he started to use "de" with his first surname, making "Manuel de Falla" the name he became known as from that time on.

It was from Felipe Pedrell, during his Madrid period, that de Falla became interested in native Spanish music, particularly Andalusian flamenco (specifically cante jondo), the influence of which can be strongly felt in many of his works. Among his early pieces are a number of zarzuelas, but his first important work was the one-act opera, La vida breve (Life is Short, or The Brief Life, written in 1905, though revised before its premiere in 1913).

De Falla spent the years 1907 to 1914 in Paris, where he met a number of composers who had an influence on his style, including the impressionists Maurice Ravel, Claude Debussy and Paul Dukas. He wrote little more music, however, until his return to Madrid at the beginning of World War I. While at no stage was he a prolific composer, it was then that he entered into his mature creative period. In Madrid he composed several of his best known pieces, including:

- The Nocturne for piano and orchestra *Noches en los jardines de España* (**Nights in the Gardens of Spain,** 1916)
- *The ballet El amor brujo* (**Love the Magician**, 1915) which includes the famous excerpted and arranged *Ritual Fire Dance.*
- The ballet *El corregidor y la molinera* (**The Magistrate and the Miller's Wife**) which, after revision, became *El sombrero de tres picos* (The Three-Cornered Hat, 1917) and was produced by Serge Diaghilev with setdesign by Pablo Picasso.

From 1921 to 1939 Manuel de Falla lived in Granada, where he wrote the puppet opera El *retablo de maese Pedro* (Master Peter's Puppet Show, 1923) and a *concerto for harpsichord and chamber ensemble* (1926). In these works, the Spanish folk influence is somewhat less apparent than a kind of Stravinskian neoclassicism. Also in Granada, de Falla began work on the large-scale orchestral cantata *Atlántida* (Atlantis) and continued it in Argentina, where he moved in 1939, following Francisco Franco's victory in the Spanish Civil War.

Falla tried, but failed, to prevent the murder of his close friend the poet Federico García Lorca in 1936. He died in Alta Gracia, in the Argentine province of Córdoba. In 1947 his remains were brought back to Spain and entombed in the cathedral at Cádiz. One of the lasting honors to his memory is the Manuel de Falla Chair of Music in the Faculty of Philosophy and Letters at Complutense University of Madrid. He never married and had no children.

The Enigma of Atlántida

JacintoVerdaguer (1845-1902) was an important poet in Spain and a major poet in his native Catalonia, by virtue of what his poetry contributed to the literary renaissance of the Catalonian language.

He was born in Folgueroles, a small village in the Plain of Vic (a province of Barcelona). His father was a peasant and stonecutter from nearby Tavérnoles, and was known as the Pep de Torrents, after a farm in the township of Tavérnoles. His mother, Josefa Santaló, from Folgueroles, had eight children (five boys and three girls). It was the custom to dedicate the second to the priesthood. Hence, at the age of ten, the young Cinto was admitted to the Seminary of Vich, where, in addition to working on himself in a religious context he studied Rhetoric and Poetics. He was inspired by the writings of Virgil and by those of Saint Francis, Dante, Tasso, Saint John of the Cross and Milton. In 1859 the Juegos Florales were reinstated, coinciding with his reading of the folk songs collected by Milá and Fontanals and by Mariano Aguiló. Whilst studying Philosophy he read *Mireira*, the great novelesque poem by Mistral, which would later be adopted by Gounod as the theme for his greatest operas. The use of the Provençal language in *Mireira* was a spur for him, as were the prizes awarded in the Juegos Florales in 1865.

In the autumn of 1874 Verdaguer succeeded in entering the Compañía Translatlántica as ship chaplain. For two years he sailed the world and made a start on the great poem *L'Atlàntida,* which he dedicated to the Marquis of Comillas, the owner of the Compañía.

By the time the imagination, grandiloquence and poetic innovations of *L'Atlàntida* – which had impressed even Frederic Mistral – were being extolled, Verdaguer had shifted to different subject matter. His style became increasingly austere in *Idilis y cants mistics* (1879), *Canigó* (1886), *Pátria* (1888), *Lo somni de Sant Joan* (1887), *Nazaret* (1890) and so on. In all of the above works he demonstrated a brilliant, tender, profound and popular poetic disposition, despite the potentially unappealing influence of his priestly character and the fervent piety of his verses. His debt to Milton was also acknowledged, as was the evocative power of Father Cinto in his treatment of Catalan history and mythology and the force of his language – still dynamic, beautiful and prosperous, thanks to a linguistic talent which gave him an unfailing capacity to coin striking new expressions.

The final years of the poet's life were sad and, at times, anguished. Through his charity work he accrued significant debts and he began to engage in esoteric activities, including sessions of exorcism, which ultimately forced the ecclesiastic authorities to withdraw his right to officiate at Mass.

Verdaguer took years to resume his literary activities, which had not been very fruitful since the delicate poems of his Aires del Montseny. Shortly afterwards he would fall chronically ill from a serious lung disease. By now he had had his priestly powers reinstated, and once recovered he returned to officiate Mass in the church of Betlem in Barcelona. On the 10th June 1902 Verdaguer passed away in Vallvidriera, Barcelona, aged 57. The musicians and poets of Barcelona, who gathered in Els Quatre Gats, banded together to pay him one last homage, and it was Isaac Albéniz (who was in Barcelona at the time, negotiating, unsuccessfully, the premiere of his opera Merlín) who proposed that they move to Villa Joana, the private residence of Ramón Miralles in Villavidriera, where 'mosén' Cinto had died. It was there that the artist Ramón Casas painted a posthumous portrait of the poet. Albéniz and the literary painter Santiago Rusiño left bouquets of broom – the most abundant flower in the surrounding fields of Sarriá – at the foot of his bed.

Once he had been pardoned for the defiance of his bishop, Verdaguer enjoyed a deserved level of popularity. He presided over numerous 'Juegos Florales' – Floral Games- and wherever he went he was a triumph. Barcelona paid him special homage with a concert, since his poetic output had contributed to the upsurge of the choral movement in Catalonia. The Orfeó Catalá performed '*La mort de l'escolá*' by Nicolau, and the short scenic musical tableau '*L'adoració dels pastors*', with music by Enric Morera. The latter, a notable composer who contributed some very important lyrical pieces to the Renaixença Catalana, wrote the symphonic poem '*Introducció a L'Atlàntida*' in 1983.

Many other composers – Pedrell, Vives, Casals, Rodrigo, Millet, Clavé, Lamote de Grignon – have dedicated works of diverse ilk to the poems of Verdaguer. But the greatest musical work to be based on a text by the Catalan priest is *Atlántida*, a posthumous work of Manuel de Falla, pieced together, and in a sense

16

completed, by his disciple Ernesto Halffter (1905-1989). In order to compose the colossal scenic cantata, Falla extracted the text of Verdaguer's epic poem *L'Atlàntida* almost in its entirety (with an addition here and there and some minor modifications), which was structured into an introduction, ten "cantos" and a conclusion. Falla made use, most of all, of the first two cantos, a little of the tenth, and of the conclusion, entitled 'Colón', which Verdaguer introduced with the following synopsis:

Upon the words of the solitary man (an old man who is telling a sailor named Cristóbal Colón, the survivor of a shipwreck, the story of the submersion of the continent of Atlantis), the Genovese sailor feels a new world forming in his imagination. The nice old man uplifts him with his opportune reasoning: offerings of Colón to Genova, Venice and Portugal. The dream of Isabel.

With the value of the queen's jewels he purchases the ships. From the promontory the old man watches him set sail on the most lofty of missions and he becomes enraptured in contemplation of the future greatness of his homeland.

Falla also made use of ten verses of the fourth canto, 'Gibraltar abierto', for the part of 'La voz divina', at times employing only a couple of lines of the verse; at others, slightly altering the text.

For the eminent poet Joan Maragall (1860-1911) Verdaguer's *L'Atlàntida* is, above all, a monument to the modern Catalan language: 'the poet came down from the mountains to the city singing his poem, and our language became alive and complete once more, both popular and literary at the same time. He arrived precisely at the moment that he was most needed'.

Although from a modern perspective Falla's score – along with the completions by Ernesto Halffter – is superior to the poem by Verdaguer, at the time when Falla decided to cast his musical light on it, L'Atlàntida was regarded as the epic poem which gave the Catalan language its contemporary literary credibility. Since his childhood, Falla, who was of Mediterranean descent on his mother's side (his second surname Matheu proclaims his Catalan origins) was aware of the relationship between Cádiz, his birthplace, and Barcelona, 'cap i casal de Catalunya' (head and family seat of Catalonia). He went to Barcelona several times and was great friends with Catalans such as Joan

Gisbert, Frank Marshall, his teacher Felipe Pedrell, and his biographer Jaime Pahissa. Early on, he wrote a quintet for flute, piano, violin, viola and cello, inspired by the Rhône Canto from the poem *Mireia* by Federico Mistral. He premiered his work *Psyché*, written for mezzo-soprano, flute, harp, violin, viola and cello, in the Palau de la Música in Barcelona on 9th February, 1925. Here, his Concerto for Harpsichord and Five Instruments (flute, oboe, clarinet, violin and cello) was also heard in public for the first time on 5th November 1926. And at the Gran Teatro del Liceo, also in Barcelona, a concert was given in homage to the maestro of Cádiz on 17th March 1927, performed by the Pau Casals Orchestra. It should not be forgotten that the eponymous great maestro of the above ensemble had played the cello part in the premiere of the Concerto, which had as its harpsichord soloist the illustrious Wanda Landoswska.

As a result of this trip, and encouraged by Joan Gisbert, who sent him the poem by Verdaguer, Falla would begin work on the composition of *Atlántida*. It occupied almost two decades of his life, and the worry and effort required to complete such an ambitious project, coupled with a fragile state of health, may even have precipitated his death. When he passed away on 14th November in

19

1946 in Alta Gracia (Córdoba, Argentina), *Atlántida* was unfinished.

All the original manuscripts Falla had amassed were sent to Spain in a closed and sealed case, safeguarded by his sister María del Carmen, on the steamer Cabo de Buena Esperanza, which also carried the body of the composer. It set sail from Buenos Aires on the 22nd of December. At Santa Cruz in Tenerife the coffin was taken to the town hall and left in a specially prepared room, together with an old crucifix. It was later transferred to the Spanish naval battleship El Cañonero which proceeded to Cadiz, where the remains of the great composer were buried in the crypt of the cathedral, facing an altar from where Mass can be officiated.

On his tomb is an inscription of his motto*: **Soli Deo honor et Gloria**.

The beneficiaries of his estate were his two siblings: Germán and María del Carmen, and to them befell the destiny of the 'unnumbered pile of papers' known as Atlántida, as Valentín Ruiz-Aznar, kapellmeister of the cathedral of Granada, described them when they were shown to him in November of 1949 by Germán de Falla. He was the first to organise the chaos of scores, separating those neat folios, which appeared to have been completed from those which were mere notes or simple sketches.

One year previously, the new Nationalist and dictatorial Spanish State, which emerged from the Civil War (1936-39) had wanted to celebrate the centenary of Cervantes with appropriate pomp and circumstance and attention soon focused on the question of *Atlántida*. Germán de Falla had consigned various pages containing completed movements to Ruiz-Aznar, specifically the *'Prólogo', 'El Sueño de Isabel'* and the *'Salve'* for four mixed voices (child sopranos, two tenors and bass). But these were requested by the priest and musician Nemensio Otaño, president of a ministerial commission given the task of acquiring what Falla had written regarding Atlántida. Ruiz-Aznar furnished what little material he had, but after a while had elapsed he wrote to Germán de Falla, glad for having recuperated the folios which had by then, he imagined, surely been lost in some basement of the Ministry. The commission had returned them to him and had made no comment about the possibility of a premiere. Ruiz-Aznar believed (as he expressed in a long letter to Ernesto Halffter, Falla's most well-known disciple), that the pages he had received did not meet

21

the expectations of the authorities, neither in quality, nor in quantity. He suspected that Falla's brother had kept the most important part of the work from him in order to prevent a precipitous premiere and the risk of a mediocre performance, something which would have horrified Manuel de Falla.

No-one knew what stage the composition had reached when Falla died. Whatever it was, it was something new and ambitious, but, as with so many things in the Spain of its time, it was shrouded in mystery. All was, however, contained in the mountain of papers – difficult to untangle, but the product of a mature artist of highly developed compositional technique and a high level of self-expectation. Ernesto Halffter himself once said 'Ravel would take several months to compose three bars'. And in that respect Falla was the same.

In fact, Falla had already mentioned his intention to finish *Atlántida* in a letter to Halffter. And for his pupil the word 'finish' seemed to suggest that the majority of the work had been completed. Furthermore, he knew, from the artist José María Sert, chosen to paint the scenery for the premiere, that Falla had played a large number of passages to him on the piano – practically the work in its entirety, according to Sert. But in reality only the *'Prólogo'* was completely finished and the first part was almost finished *('El incendio de los Pirineos'* and the *'Cántico a Barcelona'* were complete), although they still required some finishing touches. The second part was the least developed. The voices had merely been sketched in, and there was still much to do. The third section, pivotal because it is protagonised by Columbus and Queen Isabel, had progressed considerably, in particular *'El sueño de Isabel'*, *'La salve en el mar'* and the chorus of *'La noche suprema'*, which now concludes the work.

A few years after the death of Falla, at the start of the 1950s, a meeting was held in Barcelona in which it was proposed that the completion of *Atlántida* be consigned to a group of prestigious Spanish composers: Conrado del Campo, Julio Gómez and Jesús Guridi; a young nephew of Ernesto Halffter, Cristóbal Halffter of Madrid, was also considered – today one of Spain's most distinguished composers. At no point were Falla's other pupils even mentioned: Rosa García Ascot, Jesús Bal y Gay, Gustavo Pittaluga, Joaquín Nin-Culmell and Ernesto Halffter. The latter was without doubt the closest to Falla, who, years earlier, had placed him at the helm of the Orquesta Bética de Sevilla, founded by Falla himself. The following anecdote gives an idea of the utter confidence that the great Andalusian musician placed in the young Ernesto.

Manuel de Falla moved to Argentina in the year 1939 (he left his house in Granada, number 11 on Alta street Antequeruela, on the 28th of September).

In Buenos Aires he soon began to associate with the composer Jaime Pahissa, with Ortega y Gasset, Gregorio Marañón and with the illustrious Castilian historian Pío del Río Hortega, with whom he would frequent the bar of the Hotel Castelar on the Avenida de Mayo. He developed a strong friendship with the Argentine composer Juan José Castro and with the doctor Pedro Ara, advisor to the Spanish Embassy. Ara was the doctor who embalmed the corpse of Eva Duarte de Perón and that of Falla himself before he was transported to Spain to be buried in the cathedral of Cadiz.

One day, when Pedro Ara called on Falla at his final residence, the chalet Los Espinillos in Alta Gracia, on seeing him work on the manuscripts of *Atlántida,* he asked, "Maestro, who can make sense of all this, in such a state?" But Falla retorted: "Do not worry, there is one person who will make sense of this mess: Ernesto

Halffter". Because of this, Germán de Falla decided to give the manuscripts, in portions, to Ernesto Halffter before a motorcyclist arrived to demand them (as tended to happen in the time of Franco).

In the previously quoted letter from the composer Valentín Ruiz-Aznar (the first person to receive the *Atlántida* manuscripts from Germán de Falla), a letter addressed to Ernesto Halffter, Ruiz-Aznar warns him: 'to think that with the extant material, which is so ambiguous, anyone could complete *Atlántida*, is to contemplate the impossible'. However, Ernesto would come to make this discovery for himself, sacrificing for it the best part of his time – and life – and, by default, his creative activity, between 1957 and 1961. Following the premiere of the work in the Gran Teatro del Liceo, in Barcelona, on the 24th of November 1961, under the baton of Eduardo Toldrá, *Atlántida* toured various cities in Spain, Europe and America – of note: Cádiz, Milan, Granada, Edinburgh, Santander, San Sebastián, New York, Berlin, Madrid and Buenos Aires.

In the Teatro alla Scala de Milán the dramatised version was presented on the 18th of June, 1962, with Thomas Schippers as musical director, Margherita Wallmann as theatrical director and scenery by Nicola Benois. It was sung in Italian translation by Eugenio Montale (1896-1981), the great Genovese author of Ossi di sepia (1925). In Barcelona Queen Isabel had been played by Victoria de los Angeles and the Corifeo by Raimundo Torres; in Milan by Teresa Stratas and Lino Puglisi.

It had been a colossal undertaking for Ernesto Halffter, but for him, having lived with the memory of his teacher and a boundless admiration for his art and his person, it was worth the effort. In Milan he confessed that 'given the sheer amount of material, I considered it a veritable crime to let the work remain unfinished. But in private, the writer of this text once heard him say "in quantity I have outdone Falla. I have emulated him as far as possible, at times intuiting his intentions, reflecting on the harmonic evolution of the maestro from La vida breve to the Concerto para clave. In Turandot Puccini had composed everything except the final scene. His pupil Franco Alfano finished it to the best of his abilities, to the point of orchestrating those final ten minutes better than Puccini could ever have done himself. But he had everything to work with, principally the love theme. With *Atlántida* it is the opposite. For example, for '*La voz divina*' Falla left eight different openings, which constitute four bars. Following that, to make it worse, there is nothing. I was

26

expected to sort out the libretto, which had two different endings, and to re-do the work in seven months. The beneficiaries of Falla and Ricordi were asking the impossible. The publisher Ricordi had committed to a specific date for the premiere without consulting me. I worked like a dog because Margarita Wallmann, who was the great love of Valcarenghi, the director of Ricordi, had been selected to put on *Atlántida*. And she wanted a spectacular finale featuring Santa Teresa, Hernán Cortés and other figures from Spanish history. If I wasn't careful she would have brought out Generalísimo Franco".

With regard to the absence of music for the second part (that of the Titans) and even elements of the third, the following words from Halffter, one year before his death, are significant: 'Falla intended the Hosanna to be put together with an Alleluia…he had, well…so many things in mind…and I am the one who has ended up having to do them. I want, for example, to re-do the Hosanna and the Alleluia. At times I think that, despite having so much material to draw on, there must be a lot missing. How else can one explain, for example, the six horns directed to play pianissimo in '*El sueño de Isabel*'? That is pure madness'.

This declaration indicates that Ernesto intended to continue revising *Atlántida* and making it more complete even in 1988! The first version of 1961, had not satisfied him and following the premiere and first performances in Spain, Italy, the UK, the US, Germany and Argentina, he decided to undertake a complete revision of the work. And once more ' poor *Atlántida*', as Falla called it in his final years, was wheeled back to the operating table, and the original, almost two hours long, was amputated by over half an hour. According to the critic Enrique Franco, the first to examine the entire legacy of Manuel de Falla, and a renouned scholar of the great Cadiz composer, the 346 pages of the 1962 version edited by Ricordi, were reduced to 105 in the second version.

Halffter worked, above all, on the second part, which in turn was the one which had taken him the longest to elaborate in the 1961 version. He perfected somewhat the work he had already done, cut out entire sections and, with his approval, the Spanish conductor Jesús López Cobos presented a new version on the 9th of September 1976 in the now disappeared Kunthaus in Lucern, during the International Music Festival of the Swiss city. He conducted the choirs of North German Radio, the Children's Choir and the Symphony

Orchestra of the Colonne Radio. The soprano Gwendolyn Killebrew played Queen Isabel I of Castile and Roland Hermann the Corifeo. The first part remains the same, but concludes with the hymn *'Cántico a Barcelona'* and not the *'Canto a la Atlántida'* which, along with the *'Jardín de las Hespérides'*, has been moved to the second part. In the latter, certain passages have been deleted, such as the final chorus of *'La voz divina'*, *'Hundimiento'*, *'El Arcángel'*, *'Non plus ultra'*, the Latin part sung by the choir at the start of 'Las carabelas', and the initial finale of the third part, now concluded with *'La noche suprema'* and so on.

Halffter, perhaps uncomfortable at having expunged so much of his work, undertook yet another revision, which included a significant part of material excluded at Lucern. The new version of 1977, of intermediate length between the very long 1961 version and the Lucern version, was presented by the Orquesta Nacional de España at the Teatro Real in Madrid on the 20th, 21st, and 22nd of May of that year. Conducting was Rafael Frühbeck de Burgos, and the Queen and the narrator were played by soprano Enriqueta Tarrés and the baritone Enrique Serra respectively.

Frühbeck has always maintained, however, that *Atlántida* (without detracting from the efforts of Ernesto Halftter) would be performed more often and would be more popular with the general public as a suite of forty minutes' or so duration; a suite based on what Falla had left in completed form – or at least clearly outlined.

When Frühbeck presented *Atlántida* at the Edinburgh Festival in 1989, his selection – similar to that of Cristóbal Halftter when he directed it in Turin – consisted of the complete *'Prólogo', the 'Himno hispánico' and the 'Aria de Pirene'* from the first part; nothing from the second; and the *'Sueño de Isabel', 'Salve en el mar'* and *'La noche suprema'* from the third. In other words, only about half an hour of music, which he then had to top up with *'La vida breve'*. Frühbeck knows all too well that in the two long hours of music furnished by Ernesto for the dramatised version of *Atlántida,* there are at least forty-five splendid minutes. But the great Castilian musician prefers to present *Atlántida* in concert version – if possible in a church, as Jerónimos de Granada did, because neither the dramatised version in Berlin, with Zefirelli as stage director, nor the first interpretation at la Scala with Margherita Wallmann, were convincing. Frühbeck thought that the ideal setting for *Atlántida* would have been the old convent of San Telmo (today a museum), in San Sebastián. There is an audience capacity of only five hundred, but one can contemplate the grandiose frescoes of José María Sert, in consonance with the rhetorical and verbal opulence of Verdaguer's poem, but not so much with the bare, unadorned music of late Falla. That conciseness, that lack of rhetoric has proved to be *Atlántida's* worst enemy as a dramatic work; a libretto of Wagnerian or Victor Hugorian echoes and ambition, which does not sit comfortably with the de Falla of the last years. The great Andalusian composer had adapted it to suit his own taste, selecting those verses of Verdaguer's poem which were convenient, or altering slightly some of the expressions (instead of '*nèts d' Hesperis'* for example, Falla uses '*fills d' Hispania'*; where '*Allí a l'altar de Júpiter'* is given, he uses '*Alli, cap a llevant'*). He used a fragment of Seneca's Prophecies, and for '*El juego de las Plèyades'*, since there is some text missing, he asked for help from the illustrious Catalan writer and poet Josep María de Sagarra (1894-1961) through his compatriot, the dramatist and poet José María Pemán (1898-1981).

Incidentally, Frühbeck de Burgos eliminated this beautiful passage from the second part of *Atlántida* ("The muchachas en flor of Spanish music") for practical reasons. What organisation would hire five top soloists just for a few minutes, in addition to the two already portraying Pirene and Queen Isabel? The Castilian maestro, who has produced the most complete recording of *Atlántida* to date, was also considering the enormous difficulties for the choir – a serious impediment to performing the work in its entirety. The preparation of all the choral elements of the work poses a challenge to which few amateur groups are willing to rise, and even the professionals tend to demur.

The death of José María Sert (1876-1945) made *Atlántida* an orphan to that building whose great frescoes, by now perhaps in tatters, were to be the backdrop to the stage upon which Falla's great cantata would be 'represented'. The composer decided that without Sert *Atlántida* should be conceived merely as a musical work. Nonetheless, he could not have foreseen the endless possibilities that new technologies would bring to the world of the image in the second half of the twentieth century. And the *Atlántida* reorganised and refined by Halffter is able to be resuscitated in its entirety despite the problems posed by all incomplete works, at times evident in the argument of a discourse which is not entirely logical or well expressed, as was the case of youth and early maturity works, or that of

Falla's a later work, "El retablo de Maese Pedro". Proof that a dramatised Atlántida is possible was given to the public of the "Festival Internacional de Música y Danza de Granada" when, in 1996, the theatre company 'La Furd dels Baus' performed a dramatised version in front of the beautiful façade of the cathedral in the square of the Pasiegas, a work by Alonso Cano. At the conclusion, after a show brimming with life, an almost circus-like display of fantasy and movement, which allowed the scenic imagination of La Fura to take flight, the door opened, revealing the splendid illuminated interior of the great renaissance church. Directing the 'Orquesta de Barcelona y Nacional de Catalunya' was the great conductor Josep Pons, now conductor of the Orquesta Nacional de España. Gerard Mortier, then director of the Salzburg Festival was sufficiently impressed to commission 'La Fura dels Baus' to undertake another important scenic challenge, *The Damnation of Faust* by Berlioz. Those of us who had the good fortune of attending that Granadan *Atlántida* have not forgotten it. Granada and Manuel de Falla!

The Legendary Story

To this day archaeologists continue to hunt for the lost continent of Atlantis, described by the philosopher Plato in his Timaeus and Critias (4th Century BC) which speaks of the existence of a remote island situated beyond the Columns of Hercules, near the Straits of Gibraltar. Plato described Atlantis as a perfect republic, where there flourished a peaceful civilisation. This was most likely a fiction invented by the author of the Dialogues, in order to expound his own political and social model.

The most widely-accepted theory centres on the existence of an island between the Iberian Peninsula and the Atlas of North Africa, but it is also thought that Atlantis constituted the Peninsula itself plus various islands (Cape Espartel, for example, which was sunk 11,000 years ago). In ancient times Iberia itself was conceived to be an island. Conversely, geological cataclysm favours legend and alienates scientists, who regard it as a baseless myth. But there are archaeologists prepared to scour the depths of the sea for wreckage and ruins confirming that Atlantis once existed.

The legend tells us that Poseidon, the king of the ocean, had landed on this island (Nessus), inhabited by Cleitus, with whom he produced five sets of twins.

The eldest was Atlas, a giant who held up the vault of heaven with his enormous hands and watched over the Garden of the Hesperides on the island of Atlantis, of which he was the first king. The Greek hero Alcides, or Hercules (Heracles), fulfilled one of his twelve labours (erga), the theft of the golden apples of the Garden of the Hesperides, not far from the residence of Atlas, who eventually metamorphosed into a range of mountains – located in North Africa. Atlantis, which some have identified as the kingdom of Tartessos, was a rich and fertile land. Its inhabitants lived a life of plenty and pledged never to make war.

As this pledge was broken, the gods decided to sink the island into the waters of the ocean. With the sinking of the island Poseidon's temple of silver and Cleitus' temple of gold were lost.

Plato affirms that the second brother of Atlas reigned in Gadeira, a name which according to many gave rise to that of Gades, the city known today as Cádiz, the place where Manuel de Falla was born.

Falla's Libretto of Atlántida

Prologue

A certain young Genovese man, the survivor of a shipwreck, manages to reach land. He is the future seafarer Christopher Columbus, the discoverer of America. The narrator, or 'corifeo', and the choir tell the story of the punishment that the gods inflict on the inhabitants of Atlantis, the Hesperian continent. The island was submerged into the sea, and to this day the Teide spews fire from its entrails. Only the land pertaining to Spain was spared by Divine grace, stuck, like a gondola, to the chain of the Pyrenees. God placed in that land all the treasures of the vanished Atlantis, and he placed it, like Venus, between two oceans. Who would save Spain from a new cataclysm? The choir tells us at the start of the 'Hymnus hispanicus': the Almighty!

Part One

The Corifeo explains the labours of Alcides to the young man, taking him to Spain, where the Pyrenees are ablaze. He saves the queen Pyrene from the fire, who, dying and weak, tells her story: she is a princess, daughter of Tubal. After the death of her father, a monster with three heads, Geryon usurps the throne and sets fire to the Pyrenees so that she may die. Pyrene implores Alcides for vengeance. He accepts, and before long he sights a boat drawing closer on the waves, 'like a swan with white wings' coming to take him to the South, where the three-headed usurper Geryon now resides. Alcides makes a vow to found a city, at the place where the mysterious (reddish-grey) boat appeared. The choir sing the 'Canticle to Barcelona' (and to its founder, Hercules).

Part Two

The Corifeo now tells of Alcides' swift journey to the border of Gades. At the end the hero leaps onto the land to pursue the three-headed rogue Geryon who, terrified on seeing him approach brandishing a club, throws himself at his feet with a torrent of blandishments, amongst them the notion that he is the man awaited by king Atlas as his successor and lord of those lands. Alcides recognises Geryon's perfidy, suspecting some deadly trap to undo him, but as he glimpses the fertile Spanish plain in the distance the choir sings its canticle to Atlantis, that land between the Pyrenees and the African Atlas mountains, full of treasures and served by great rivers. Alcides obeys the duplicitous suggestion of the tricephalos and, led through exuberant vegetation, he enters the garden where the Hesperides are dancing.

The seven sisters – Maia, Arethusa, Celaeno, Erytheia, Electra, Esperetusa and Alcyone – are playing and dancing with oranges, and adorning themselves with cherries beneath a gleaming sun; they sing and feel the desire to love. When they behold Alcides the seven Pleiades assume that he is the hero awaited by their father, Atlas. The choir tells us that Alcides, without paying attention to the maids, approaches the tree where

38

the terrible dragon who defends the garden of the seven princesses is keeping watch. The monster brandishes his tail like a lance, but in one fell swoop the son of Zeus crushes his forehead, spraying the flowers in the garden with his bloody venom. Without his protection, the Pleiades perish in a heap beneath the orange tree.

Their names are etched in the far reaches of the sky with luminous stars.

Alcides hastens towards Gades, making his way through mountains and wading through rivers. Arriving in the city, daughter of the waves, he plants the branch from the Garden of the Hesperides on a steep bank. The choir explains that the tree will grow and its shoots will soon adorn the land of Atlantis with an embroidered blanket of great forests, covering the pastures of Spain. From the cutting a lachrymose tree sprouts triumphantly, the dragon tree of Gades, which laments the death of the dragon of the orange tree of Hesperia with tears of blood. But in order to atone for this misdeed, voices from above ask Atlantis to get down on its knees and pray before being struck by lightening by the wrath of the sky. The Divine Voice reminds man of all that he has provided for man's happiness: oceans, stars, continents and intelligence. But with his sin man, the arrogant Atlantidan, rebelled against his orders.

And so the Divine Voice announces a catastrophe for the vicious and disobedient people, the submergence of the continent into the sea. The Titans cannot avert it. Alcides erects two columns upon which he writes Non plus ultra with his sword.

Part Three

This all took place long ago. There is no longer a Narrator. The young shipwrecked boy, Christopher Columbus, is now an adult. He can see the Atlantic and the Pillars of Hercules (Alcides) and walks towards them pensively. A messenger from God, he feels a new world awakening from the sunken Atlantis. A prescient mariner, he looks for a star and hears within himself the prophecy of Seneca: the ocean will be traversed and Thule will no longer be the furthermost point of the earth. He dreams of the Queen of all queens that have ever been, Isabel of Castile, Queen of Spain.

As she embroiders in her recaptured palace, the Alhambra of Granada, Isabel dreams of a dove. With its beak it snatches her wedding ring. She pursues it with great annoyance and sees it drop the ring into the waves, as if to symbolise a marriage between Spain and the sea. As the ring falls, verdant islands full of flowers emerge. The dove makes a garland with the flowers and places it on the Queen' head. Isabel awakens and sends for Columbus, the prophetic and visionary sailor. When he arrives she bestows her jewels upon him so that he may embark upon his great adventure. The sun fills the room with beautiful luminosity, surrounding Isabel and

Ferdinand, the Kings of Spain, and the providential seaman, with a halo of glory.

Columbus and his crew prepare to go wherever the star of hope takes them. The angel who yesterday covered Granada with its immense wings flaps them once more to push three caravels into the ocean in search of new and undiscovered lands. Galicians, Castilians, Catalans, Cantabrians, Andalusians…people from all over Spain pray to the Maris Stella as the fragile boats enter the open sea. The Salve of the Virgin Mary is heard, to guide them towards the foretold continent.

Then, on the deck, immersed in the silence of the August night, disturbed only by the sound of the wind and the waves, Columbus keeps vigil. His soul trembles in fervent communion with the Creator and with the vastness of the Creation.

***

A close friend of Falla, the writer and journalist José María Pemán, elaborated a complete summary, in prose, of the literary content of Atlántida' which includes all the numbers of the first version by Falla, the Barcelona version. Here we have fundamentally followed the

Lucern version, somewhat abridged in relation to the Barcelona version, but more appropriate for use in concert. Those interested in Pemán's account of the narration of Atlántida can find it in the programme of the Orquesta Nacional de España of the 1976/1977 season, for the concert in which Rafael Frübeck de Burgos conducted, on the 20th, 21st and 22nd of May, a supposedly 'complete' version (this is how it is described in the programme). The writer and academic from Cádiz illustrates the story with a clear and poetic text which deserves to be reproduced every time Falla's great scenic cantata is performed. According to Pemán, in the libretto written by his compatriot, Manuel de Falla, one can appreciate how the poem by Verdaguer 'is much more than a poem of Hispanic exaltation, since it is endowed with the ambition of celebrating the triumph of the cosmos over chaos, rational and spiritual order over the monstrosity of the forces of nature. It is, in a sense, the poem which celebrates the nativity, and the development and maturity of civilisation'.

In the same programme, the critic Enrique Franco, a distinguished specialist on the music of Falla, reminds us that for the composer, the great continent submerged beneath the waters of the ocean allowed him to imagine the spiritual 'emergence' of Atlántida, effected by Spain

43

with the discovery of America. However, he also recounts the inspired words of the composer: 'Atlántida is the work in which I have invested the most enthusiasm. I hope for the good health required to finish it. It will be quite complex, and in that sense I have respected the text of the poem by Jacinto Verdaguer, not only because of the profound admiration the Catalan poet deserves, but also because Atlantis has existed within me since my childhood years. In Cadiz, my native city, the Atlantic offered itself to me through the Pillars of Hercules and my imagination would take flight towards the most beautiful garden of the Hesperides'.

Enrique Franco tells us that it was Max Reinhardt (1873-1943), the famous Austrian theatre director and producer, who prompted Falla to compose a 'scenic cantata', recommending some text by Calderón. Falla reads and makes notes on the mythological Eucharistic play, 'Los encantos de la culpa',('The charms of Guilt') which relates to the comic play 'El mayor encanto amor'('The biggest charm, Love') (1639), also the source for the opera Circe (1902) by Ruperto Chapí. The theme is taken from the tenth book of the Odyssey, but in the end José María Sert sway Falla towards the poem by Verdaguer. Before the death of the

Barcelonian painter, Falla had neglected to consider a possible dramatisation and had only thought about the music. Of course, he had not discarded the idea of performing Atlántida in front of a painted backdrop, or with photographic and even cinematic projections, but he preferred an historic setting, or the main altar of a church with its images and statues.

The worst thing, in any case, was Falla's ill health, that battle against the aches of an ailing body which forced his great work to advance at a very slow pace that he described as 'lame'.

An anecdote which provokes an ironic smile gives us an indication of Falla's obsession with Atlántida and its cataclysmic submersion. On the eve of his trip to Buenos Aires on the 28th September 1939, various friends gathered at his house in Granada to say their goodbyes, amongst them the painter Hermenegildo Lanz. As soon as Falla had left with his sister María del Carmen, Lanz went to his study and wrote a few pages describing the sad farewell in the small dining room of the Antequerela, which was full of baggage. Falla's brother Germán was there with his wife and their daughter Maribel, today the beneficiary of Falla's legacy.

When the moment came to say goodbye to Mr Lanz, Falla said: 'Goodbye, until eternity, at the bottom of the ocean, perhaps. Whatever the will of Providence decides...'. And as he said goodbye to the others, he kept repeating: 'Goodbye, until eternity, there we shall all meet again; at the bottom of the ocean I shall rest alone, it makes no difference, it doesn't matter; whatever the will of Providence decides...'.

Further Observations on Atlántida

Manuel de Falla fashioned the libretto of Atlántida using the same system as that for El Retablo de Maese Pedro, lifting, with only the slightest changes, fragments of the Verdaguer poem, as he had done with Cervantes' text, when he took it from the Quijote. The unity of the prologue and the first two parts is achieved through the narrator or Corifeo (the latter term is taken from Greek and in tragedy refers to the leader of the chorus (literally coryphaeus, 'in an elevated place'). The function here of the Corifeo is that of the Trujamán in El Retablo, although the Corifeo requires a strong baritone voice.

'Poor Atlántida', as Falla called it, was written intermittently due to the fragile health of the composer; begun, as we said above, around 1927, the illness started to consume his slight body at the beginning of the thirties. In 1933 he moved to Mallorca in pursuit of the physical improvement that would afford him the inner peace he desired. Each day he felt increasingly rapt in a profound religious devotion derived from a pious Catholicism. In Mallorca he occupied himself with what he terms 'expressive interpretations' of great classic polyphony, in particular that of Tomás Luis de Victoria (1548-1611). His friend, the priest and composer Juan

María Thomás (1896-1966) was his great companion during his stay on the beautiful Mediterranean island. Thomás, a good musician and excellent writer, a humanist and musical director, conducted the Capella Clássica, for which Falla wrote the Balada de Mallorca, the lyrics of which he took from the tenth canto of L' by Verdaguer. It is a delightful choral piece for four mixed voices, based on the Ballade No.2 in F Major, Op.38 by Chopin, who, during his stay in Mallorca must have been impressed by the charm and languor exuded by the music of the Balearic Islands.

Falla found a new lease of life in Mallorca and made considerable progress with Atlántida. Now convalescent, he was able to visit the places of his dreams (considerably more picturesque then than they are today) such as Deiá, Miramar and Raixa. He visited Son Vent, Chopin's house in Establilments; he read Llorenç Riber, Rusinyol, Joan Alcover and, of course, Ramón Llull.

Mallorca made a profound impression on the delicate sensibility of this seeker of sonorous purity and solitude.

Falla left the island on the 18th June 1934, but thereafter it never left his soul. And Mallorca was present at his burial and funeral at the cathedral in Cádiz, represented by the Capella Classica, which on that day (9th January 1947) managed to create a most dignified and appropriate atmosphere singing in his memory, the Réquiem of his beloved Tomás Luis de Victoria.

Atlántida, the work in which Falla's most cherished landscapes – but above all the seascape of his childhood – in one form or another, reappear, seemed to gain inexorable momentum after the composer left Mallorca. But the outbreak of the Spanish Civil War (1936-39) cut short its impetus.

The last thing Falla could have imagined during his years in Paris, when he first perceived the full extent of his creative powers, was that he would live out his final days in a remote part of Argentina. But life leads us down unexpected paths and no-one can know for certain where their final dwelling-place in this wretched world will be.

Falla's final abode, in life, was a pretty chalet of Basque character, named Los Espinillos, on the highest part of the village of Alta Gracia in the Argentine province of Córdoba. He had settled there on the 28th November 1942 with the intention of working on 'poor Atlántida' in peace. He had come from Villa del Lago and Villa Carlos Paz. Before heading for these isolated spots on the Córdoba hills (what a coincidence with the last movement of his "Nights in the Gardens of Spain" de España!), he had been in Buenos Aires, where he arrived on 18th October 1939, by invitation of the Institución Cultural Argentina.

Falla was ill when he arrived at Los Espinillos. But he had left such a savage and weary Spain, and a Granada so run-down and full of discontent, that Argentina somewhat assuaged his troubles.

The concerts conducted by him in Buenos Aires on the 4th, 11th, 18th and 23rd of November, aided in this arduous task by his friend the composer Juan José Castro, confirmed the veracity of a recurrent adage in his letters: 'I am never lacking in spirit'.

But the illness grew worse and Falla went from one doctor to another without managing to stop his haemorrhages, fevers, and constant 'iritis'. His fear of infection, of contagion, became obsessive. His personal hygiene, disinfection, preparation and ingestion of medication occupied almost five hours a day. If we add to this the attention to his correspondence, the necessity of resting after meals, the visits…how could Atlántida not progress at a slow pace?

Despite receiving invitations from other countries, principally from the Spanish authorities established after the war (as mentioned above), and an official invitation from Sweden, Falla remained in Argentina until his death. The scenery of Alta Gracia, reminiscent of his native Andalucía; his Spanish-style house, with cypress trees and its proximity to the hills of Córdoba – all made the absence of his beloved Spain easier to bear. Strolling through the garden of Los Espinillos, amongst pine trees, cacti, orange trees and mimosas, he conceived the motif of the 'Supreme Night', a mysterious and final consummation of his unrivalled art.

The Music of Atlántida

Atlántida is, like the Concerto for Harpsichord, an example of Falla – who disapproved of waffle and rhetoric – unadorned. Of course, whilst the Concerto is an instrumental work, with all the abstraction and asemanticity this implies, and Falla writes it for harpsichord and five instruments, Atlántida is composed around a text which is for the most part grandiloquent, with solemn verses, at times epic and triumphant in character. It also requires a choir of substantial size. The recording by Edmon Colomer conducting the Joven Orquesta Nacional de España, JONDE, required four different choral ensembles (which demands intense preparation, given the complexity of the choral parts) and a children's choir. The orchestra is huge, with two pianos, two harps, celesta and seven percussionists. In addition to full strings and double woodwind it requires four horns, four trumpets, three trombones and a tuba. The score also includes seven soloists for the main parts, one of them a child, and fifteen more voices for various soli throughout the work. Despite all this, Falla tried to be as restrained as possible and avoid unnecessary deviations, at the risk of interrupting the dramatic continuity of the project, which, in other hands, could have become one of the longest pieces in history. It is true that we cannot know how long the work would have been if the composer had lived to complete it, but Ernesto Halffter inherited from him the virtue of concision, albeit at the cost of excluding elements which would have created a sense of unity, which was ultimately achieved through an arduous toil of perfecting and purging.

If the Spanish public has been reticent about the worth of Atlántida, expecting from Falla something more akin to what they already knew by the Cádiz Master (La vida breve, El amor brujo, Noches en los jardines de España, El sombrero de tres picos), the Spanish, Italian, French and English critics immediately appreciated the beauty of many moments in the work. It is true that, because of its subject, some thought they were listening to a great symphonic poem, as Ronald Crichton remarked, 'in the style of Strauss or Bax', (whose The Garden of Fand employs a similar theme), or even a spectacular film. Others, as Federico Sopeña wittily put it, were 'expecting not Atlántida, but Gitánida'. But Sopeña himself believes it ought to be associated more with the Symphony of Psalms by Stravinsky than with any work of mythical character. In his book Vida y obra de Falla (Madrid, 1988) Sopeña claims that the most beautiful aspect of Atlántida is not its mythical dimension, but 'the personal expression, which seeks to be collective, of the religiousness with which Falla attempts to penetrate the collective unconscious'.

After the premiere in Barcelona, Bernard Gavoty, a music critic of the Parisian newspaper Le Figaro with the nickname 'Clarendon' wrote: 'What a piece! This is not a Gospel but a Summa. It is not the search for a new sonorous world, but a return to the most pristine sources of the tradition'.

The 'Prologue' to Atlántida, completed by Falla, opens with a brief orchestral prelude of less than a minute and a half, but according to Ernest Ansermet it begins with 'the most beautiful chord sequence in contemporary music'. The choir immediately enters with the following question, directed at the young boy rescued from the shipwreck: 'Do you see that sea which embraces the earth from pole to pole?' The whole 'Prologue' will be tense, and the question maintains the tension, which dissipates when the story of the evocation of the Garden of the Hesperides begins.

But the second paragraph of the text begins with greater rhythmic force which soon fades to make way for the voice of a child. The choir continues until reaching the sentence 'Rey era Atlas' ('Atlas was King'), where it acquires a grandiose air, which soon becomes spiritual and even mystical when it refers to the throne of God.

The Corifeo describes the cataclysm which produces the submersion of Atlantis. The voice of a tenor exclaims '¡Oh, Atlántida! ¿dónde estás?' ('Oh Atlantis! Where are you?'). Following a short and poetic response from the choir, the Corifeo, with great emphasis and energy, introduces the'Hymnus hispanicus', one of the triumphant and magniloquent moments of the work, even though Falla tries to avoid this by compressing the fragment as much as possible, which is barely longer than a minute.

'El incendio de los Pirineos' (The Fire of the Pyrenees') along with the 'Prólogo'('The Prologue') and 'Atlántida sumergida' ('Atalantis Submerged') is one of Manuel de Falla's greatest achievements, where the powerful and the delicate, the huge orchestra and the a cappella polyphony, the solemn and the sublime, the mysterious and almost murmuring, all alternate during seven minutes of great music.

We arrive at the 'Aria y muerte de Pirene'(Aria and death of Pirene'), one of the most poignant moments of the work, especially since we know this sad Monteverdian canticle, of sublime sobriety, is the last thing Falla composed before his death. The entrance of the choir after the princess, daughter of Túbal, succumbs is magnificent.

The Narrator continues preparations of the next scene in collaboration with an impulsive and forceful choir. This solemn and precise jester gradually builds up to prepare the choir for its brilliant 'Himno a Barcelona', the great city founded by Alcides.

The second part opens with the impressive fragment of Alcides (Hercules) and Geryon the tricephalos. The three heads of the latter – a contratenor, tenor and baritone – sing in a complex ensemble of vocal play of grotesque humour which anticipates elements of Britten. The fragment opens with an altarpiece-like fanfare, which introduces one of the best interventions of the Corifeo. The fragment concludes with a whispering choir. Then, mixed with the feminine voices of the choir, the Corifeo tells us that Alcides, although undeceived by Geryon's trap, contemplates the verdant plains of Spain in the distance. This is the moment in which the choir sings the 'Canto a la Atlántida'(Song to Atlantis'), attacking its seven tetrastrophes exultantly in alexandrine monorhyme. In the final stanza, 'De sus inmensos reinos no ha visto el mar la anchura', (from its immense kingdoms, the sea has not seen its breadth or width), the music attains particular grandeur.

A fanfare precedes the short orchestral, somewhat Debussyan, prelude, which then takes us to the garden or orchard of the Hesperides with a female choir that evokes the garden with impressionistic touches. A soprano solo concludes this almost epigrammatic fragment. This is followed by the games of the Pleiades which is full of charm and lyricism, and which is based on a text by Jose María Segarra that gives a perfect sense, as does the restless music provided by Falla, of that paradisiacal place. Here, the recollection of Parsifal and the flower girls of Klingsor's magic garden is inevitable. The critic Justo Romero has convincingly called attention to this similarity, amongst others, between Atlántida and Parsifal in his book 'Falla: recommended discography, annotated complete work'. (Guías Scherzo, Ed. Península, Barcelona, 1999). The moment in which the seven sisiters first behold the hero Alcides is exquisite.

The passage of 'Alcides y el dragón'('Alcides and the dragon') allows us to enjoy a few orchestral moments not far removed from those of 'La vida breve', but there prevails an impressionism which is clearly evident in the lament and death of the Pleiades.

Frübeck classified the fragment 'Llegada de Alcides a Gades'('Arrival in the Gades') as a 'marvellous miniature'. To the nobility of the narration of the Corifeo are added the very lyrical interventions of the choir. Even more condensed is the passage of the message-bearing voices' from which a certain transcendent stillness exudes. The movement 'La voz divina' ('The Divine Voice') offers, in addition to passages of choral sprechgesang, valuable timbric effects apart from the bells. Let it be remembered that in the whole of Part Two, and in particular in 'El jardín de las Hespérides' and 'La voz divina', Ernesto Halffter's input is substantial. His contribution to the orchestration of the 'Aria de Pirene' in Part One is sensitive and noteworthy.

Part Three opens with the fragment entitled 'El peregrino'. The choir, very poetically, begins to sing the prophecy of Seneca over the theme of 'La noche suprema' played by the orchestra. Then, with majestic serenity, it refers to Columbus, the prophetic sailor and seeker of a new continent that will unite the ends of the earth, and he sees the 'Queen of all queens that have ever been', Queen Isabel of Castile.

Based on a few of Falla's notes, Halffter has completed the delicate, purely instrumental 'galliard' which follows, in which, as Sopeña points out, he takes us in a transfigured way, to the realm of Psyché.

Now we arrive at one of the pivotal moments of the work, 'El sueño de Isabel'(' The dream of Isabel'). A lady of the court (mezzosoprano) and a page (boy) introduce the voice of Queen Isabel, who will tell us her dream in a beautiful romance which draws on the kind collected in the sixteenth century by vihuela players, but which is also not far removed from the Moorish romance sung by Rosalía in the first act of La bruja (1882) by Chapí, even though this also uses the choir. It is divided into four sections, all very similar but perfectly distinguishable. The intimate stillness of the romance contrasts with the jubilant choir, heavenly in the words from 'del Paraíso' ('of Paradise'). A mystical children's choir gives way to the impulsive and precipitated passage 'Colón y sus compañeros' which deploys the complete orchestra, and then to the short, heroic and almost cinematographic 'Las carabelas'. Falla's passion for the great polyphony of Spain's

Golden Age is apparent in 'La Salve en el mar' ('Salve in the sea'), based on a text in Spanish written by the composer himself, with a short prayer in Latin at the end. Falla has gathered diverse phrases from old Spanish traditions, a cantiga by King Alfonso X 'Sage' and a couple of phrases by Gonzalo de Berceo.

I believe that Halffter did well to replace the ending conceived by Falla, because of that marvel that is the fragment 'La noche suprema' ('the supreme night'). The short text actually contains five sections, from the initial fugue of the strings and the celestial entry of the choir, to the transfigured finale, first with the polyphonic Dominus firmamentum meum, Dominus regit me, and then with the orchestra, the mystical Dies sanctificatus illuxit super terra, the final song of a man who has relinquished everything and can now only mutter words of praise to the Creator.

Epilogue

An issue not addressed here, but relevant to the slow and painstaking progress of Atlántida's composition, is that of politics and the significant events and social conflicts which occurred from 1926 to 1946, during which time Falla worked on his great scenic cantata. The apparent progress of the dictatorial period of the general from Cádiz, Primo de Rivera (International Exhibition of Barcelona, 1929) came to an end in 1930 and following a brief uneasy period during which economic problems worsened and the trade unions expanded, Spain was proclaimed a Republic in 1931 following municipal elections. Constitutional legality was restored at the end of that year. Falla, educated through strict Catholicism, which was already antiquated and obsolete in many respects, did not receive the news of King Alfonso XIII's departure into exile or the advent of the Republic with concern, as he was more disposed towards this form of government than he was towards the monarchy, but he soon expressed his opposition to certain political developments which challenged his religious convictions. He was horrified when the first revolutionary protests occurred in Granada in May 1931, where various churches and other buildings of obvious middle-class significance were burnt down, such as the theatre and the casino. During the five years leading up to the coup d'état in July 1936 and the subsequent civil war, both the Spanish left and right wings had become more radical. The confrontation of the Church part of the Army officialdom and national-social 'fascistoid' parties such as the Falange Española against Government decisions, and later on to the presence of government ministers from conservative sectors, both led to the Revolution of October 1934 in Asturias, which was violently put down in the same way as the trade union conflicts in Andalucia, and the uprising of the right-wing general Sanjurjo.

Falla, immersed in his Atlántida, lived the inexorable secularisation of Spanish life with great unease. In a magisterial work entitled Perfiles ideológicos de Manuel de Falla (Revista Música Realtá No. 42, December 1993, Milan) and in the prologue to Scritti di Manuel de Falla (Ed. Paolo Pinamonti, 1993, Milan) the essayist, critic and composer Ramón Barce has made clear the political implications which shaped the religious ideology of the Andalusian composer, who was extremely loyal to his principles and was, therefore, of stringent Catholic orthodoxy; in his case uncompromisingly, since he was a man of unshakable faith.

It is therefore unsurprising that as a result of the triumph of the 'Frente Popular' (Popular Front') in the elections of February 1936 and the extremist protests and public outcry that followed, the right-wing forces, supported by considerable finance and benefiting from the support of the Italian and German fascists, should resort to gaining power by force, since they had been unable to do so through the ballot box. Falla initially sided with the rebels, with those whom he thought would restore a Spanish Catholicism which had gone astray. But he soon suffered a crisis of conscience when he learnt of the great oppression that the "Nacionales" (the name given to the rebel forces), already in possession of power in Granada, were inflicting on those who showed opposition to the government. It is estimated that in 1938 the number of dead victims in the city, a significant proportion of which were shot without an opportunity to present their defense, was over 3,500. For Falla, the savagery of the war had initiated, as he called them, 'the years of desolation'.

There are many testimonies to his opposition to this savagery, and to the way he risked his own safety putting his pious Christianity into practice. The devastation he must have felt after the assassination of Federico García Lorca and even more so after seeing one of his neighbours arrested – the fashion designer Rosario Frenegal – left his spirit irreparably wounded. His "I'm going, I'm going…" as he left the Town Hall in Granada after being treated with disdain and even threatened for having interceded in the case of his young neighbour is the result of a profound disillusionment at the savage behaviour of 'his own side'. Although he was forced to sign his allegiance to the new regime, Falla would not accept the "franquista" offer of presiding over the recently created Instituto de España, and once he left he would never again desire to return, excusing himself first with the war, and when that was over, by saying he would return 'when Europe actually began to stabilise'.

In reality, Falla did not return because he did not want to have to confront the 'restorers of Catholicism' in Spain. But he had to decline the return he longed for, many times, a return precluded by Franco and his colleagues. He thus became a strange man to both the exiles and the 'franquistas'. He never explained his stance – he barely made known his enormous disenchantment towards it all. And he was no longer able to work on Atlántida, or on anything else, after all the horrors he had witnessed and experienced.

A devout Catholic persecuted by the franquistas, the poet and dramatist José Bergamin, wrote: 'Falla did not resemble a saint; he was a saint.' But it is unlikely that the Catholic Church would ever dare to recognise his holiness.

ANDRES RUIZ TARAZONA

Andrés Ruiz Tarazona was born in Madrid. He holds a degree in Law. He also studied Piano and Music with Angel Martín Pompey, Art and Music History with Sopeña, Gaya, and Nuño Azcárate.

He founded the magazine *Aria* and has worked with RNE (Spanish National Radio), Radio Clásica and Televisión Española, where he has presented and directed various music programmes.

Ruiz Tarazona has published numerous studies on music and frequently collaborates with major newspapers and journals. He has worked as a music critic for El País and is a regular contributor to Scherzo, Ritmo, Melómano and Diverdi magazines.

Ruiz Tarazona was awarded the National Prize for Record Reviews in 1980 and is director of the CD label ETNOS, with which he has won national recording prizes. He was Assistant Director of the *Revista de Musicología of SEM* (Spanish Society of Musicology), musicological advisor to Sociedad Estatal Quinto Centenario, Director of Music at the Arts Department of the Comunidad de Madrid', as well as Director General of INAEM (National Institute for Music and the Performing Arts). He worked as curator for the 90th anniversary exhibition of the OSM (Madrid Symphony Orchestra) and the Opening Exhibition of the *.Teatro Real*, in Madrid. He has convened over a hundred conferences, at universities ranging from the University of Coimbra, through to the Liszt Academy in Budapest and the Royal College of Music in London.

Andrés Ruiz Tarazona is currently technical advisor to the Music Department of the Madrid Municipality.

El Enigma De Atlántida

Andrés Ruiz Tarazona

Español

MANUEL DE FALLA

Manuel de Falla nació en Cádiz, en 1876. Realizó sus primeros estudios musicales con su madre; a los nueve años fue presentado a su primer profesor de piano. Poco se sabe de esta época en la vida de Falla, pero parece que la relación con su maestro fue, por así decirlo, conflictiva. Desde los últimos años de la década de 1890, Falla estudió música en Madrid, piano con José Tragó y composición con Felipe Pedrell. En 1899, por voto unánime del jurado, obtuvo el Primer Premio en el concurso de piano de su Conservatorio de Música. Fue entonces cuando Falla empezó a usar el «de» antes de su apellido y se hizo famoso con el nombre «Manuel de Falla», desde ese período. Fue a través de Felipe Pedrell, durante el período madrileño, que Falla se interesó en la música nacional española, particularmente el Flamenco Andaluz y específicamente el «cante jondo», influencia que se puede escuchar en muchas de sus obras.

En sus primeros años como compositor, escribió algunas zarzuelas, pero su obra mas importante fue la ópera en un acto La vida breve, compuesta en 1905 y revisada antes de su estreno en 1913.

De 1907 a 1914 Falla vivió en Paris, en donde conoció un número de compositores que tuvieron una influencia en su estilo, entre ellos los impresionistas Maurice Ravel, Claude Debussy y Paul Dukas. Falla no escribió mucha música en ese período, pero sí al volver a España, al comenzar la Primera Guerra Mundial. Aunque Falla no fue nunca un compositor muy prolífico, fue en esos años que entró en su período de madurez creadora. En Madrid compuso varias de de sus creaciones más conocidas, que incluyen:

• *El nocturno para piano y orquesta Noches en los jardines de España (1916)*
• *El ballet El amor brujo (1915), que incluye la famosa «Danza Ritual del Fuego»*
• *El ballet El Corregidor y la molinera, que, después de ser revisado, lo llamó El sombrero de tres picos (1917). Fue producido por Serge Diaghilev con escenografía de Pablo Picasso.*
De 1921 a 1939 Manuel de Falla vivió en Granada, en donde escribió la ópera de marionetas El retablo de Maese Pedro (1923) y el Concierto para clavecín y orquesta de cámara (1926). é En stas obras la influencia folklórica española es de alguna forma menos aparente que una especie de neo-clacisimo Stravinskiano.

También en Granada, Falla comenzó a trabajar en la gran cantata orquestral Atlántida y continuó su composición al exiliarse a Argentina, en 1939, debido a la victoria de Francisco Franco en la Guerra Civil española. En 1936, Manuel de Falla trató de impedir – sin lograrlo – el asesinato de su amigo íntimo el poeta Federico García Lorca.

En 1946 Falla murió en Alta Gracia, provincia de Córdoba, Argentina. En 1947 sus restos fueron trasladados a España y enterrados en la Catedral de Cádiz. Uno de los honores permanentes en su memoria, es la Cátedra de Música «Manuel de Falla» en la Facultad de Filosofía y Letras de la Universidad Complutense de Madrid. Nunca se casó ni tuvo hijos.

El Enigma de Atlántida

Jacinto Verdaguer (1845-1902) fue un poeta importante en España y fundamental en su Cataluña natal por lo que su poesía aportó al renacer literario de la lengua cetaloma Nació en Folgueroles, pequeña aldea de la plana de Vic (provincia de Barcelona). Su padre era campesino y picapedrero del cercano Tavérnoles, llamado el Pep de Torrents, nombre de una masía del término municipal de Tavérnoles. Su madre, Josefa Santaló, de Folgueroles, tuvo ocho hijos (cinco hombres y tres mujeres). Era costumbre destinar el segundo al sacerdocio. Por eso, el pequeño Cinto fue ingresado a los diez años de edad en el Seminario de Vich, donde además de formar su espíritu en la religión, estudió Retórica y Poética. Se entusiasmó con la lectura de Virgilio y con la de San Francisco, Dante, Tasso, San Juan de la Cruz y Milton. En 1859 se restauraron los juegos florales, y ello coincidió con su lectura de canciones populares recogidas por Milá y Fontanals y por Mariano Aguiló. Mientras estudiaba Filosofía, leyó Mireia, el gran poema novelesco de Mistral que adoptaría Gounod como tema de sus mejores óperas. El manejo de la lengua provenzal en Mireia fue un acicate para él, al igual que los premios recibidos en los Juegos Florales de 1865.

En otoño de 1874 Verdaguer consiguió entrar en la Compañía Transatlántica para ser capellán en los buques. Durante dos años navegó por el mundo y comenzó a trabajar en el gran poema 'L'Atlàntida', que dedicó al marqués de Comillas, propietario de la Compañía.

Cuando ya todos elogiaban la imaginación, grandiosidad y hallazgos poéticos de 'L'Atlàntida', que deslumbró al propio Frederic Mistral, Verdaguer cambió su temática. Su estilo se hizo más austero en Idilis i cants mistics (1879), Canigó (1886), Pátria (1888), Lo somni de Sant Joan (1887), Nazaret (1890), etc. En todos éstos libros mostró su condición de poeta brillante, tierno, hondo y popular, pese a lo que le pudo perjudicar el carácter sacerdotal y la pía religiosidad de sus versos. En cualquier caso se reconoció la magnitud miltoniana, la potencia evocadora de mosén Cinto en el tratamiento de los hechos y leyendas del pasado de Cataluña, el vigor de su lenguaje, todavía hoy fuerte, bello y flexible, gracias a un talento idiomático siempre inventor de expresiones deslumbrantes.

Los últimos años del poeta fueron tristes y hasta angustiosos. Con la práctica de la caridad contrajo importantes deudas, e inició una actividad esotérica que incluía sesiones de exorcismo, lo que obligó a la autoridad eclesiástica a privarle de la facultad para oficiar misa.

Tardó años en recuperar su actividad literaria, no muy fértil hasta los delicados poemas de Aires del Montseny. Poco después caía muy enfermo de una grave lesión pulmonar. Ya había sido rehabilitado en sus funciones sacerdotales y recuperado, volvió a oficiar en la iglesia de Betlem de Barcelona. El 10 de junio de 1902 falleció Jacinto Verdaguer en Vallvidriera (Barcelona) a los 57 años de edad. Los músicos y poetas barceloneses, reunidos en 'Els Quatre Gats', se movilizaron para rendirle un último homenaje y fue Isaac Albéniz, entonces en la Ciudad Condal gestionando, sin éxito, el estreno de su ópera Merlín, quien propuso que se trasladasen los restos a Villa Joana, la residencia particular de Ramón Miralles en Vallvidriera, donde había fallecido mosén Cinto. Allí mismo, el pintor Ramón Casas realizó un retrato póstumo del poeta. Albéniz y el pintor literato Santiago Rusiñol, depositaron ramos de «ginesta» (retama), la flor que más abundaba en aquellos campos de Sarriá, a los pies de su cama.

Desde que se le perdonó el enfrentamiento a su obispo, Verdaguer había disfrutado de una merecida popularidad. Presidió numerosos Juegos Florales y allá donde iba se le recibía en triunfo. Barcelona le tributó un homenaje especial con un concierto, ya que su obra poética había contribuido al auge del movimiento coral en Catalunya. El Orfeó Catalá interpretó La mort de l'escolá, de Nicolau y el breve cuadro escénico L'adoració dels pastors, con música de Enric Morera. Este último, notable compositor que aportó piezas líricas muy valiosas a la Renaixença catalana, compuso en 1893 el poema sinfónico Introducció a l'Atlántida.

Otros muchos compositores – Pedrell, Vives, Casals, Rodrigo, Millet, Clavé, Lamote de Grignon – han dedicado obras de muy diverso género a los poemas de Verdaguer. Pero la gran obra musical sobre textos del sacerdote catalán, es Atlántida, obra póstuma de Manuel de Falla (1876-1946), reordenada y en cierto modo acabada por su discípulo Ernesto Halffter (1905-1989). Para componer esta colosal cantata escénica, Falla extrajo la casi totalidad del texto (con algún añadido y pequeñas modificaciones) del poema épico de

Verdaguer L'Atlàntida, estructurado en una introducción, diez cantos y una conclusión. Falla se valió sobre todo de los dos primeros cantos, un poco del canto décimo, y de la conclusión titulada Colón, a la que Verdaguer introdujo con este resumen: «A las palabras del solitario (se refiere a un anciano que está contando a un marinero llamado Cristóbal Colón, superviviente de un naufragio, la historia del hundimiento del continente Atlántida) siente el genovés nacer un nuevo mundo en su fantasía. El buen anciano le dá alas con sus oportunos razonamientos.

Ofrecimientos de Colón a Génova, Venecia y Portugal. El sueño de Isabel. Con el valor de las joyas de la reina, él compra las naves. El viejo, desde el promontorio, lo ve volar hacia la más grande de las empresas, y se extasía ante la futura grandeza de la patria.»
Recurrió además Falla a unas diez estrofas del canto cuarto, Gibraltar abierto, para la parte de La voz divina, unas veces empleando tan sólo un par de versos de la estrofa, otras alterando levemente el texto.

Para el eximio poeta Joan Maragall (1860-1911) L'Atlàntida de Verdaguer es, ante todo, el monumento del verbo catalán moderno: «el poeta bajó de la montaña a la ciudad cantando su poema y nuestra lengua volvió a existir viva y completa, popular y literaria a la vez. Llegó en el momento preciso en que había de venir.»

Aunque desde una óptica actual, la partitura de Falla – y lo completado por Ernesto Halffter – es superior al poema verdagueriano, en la época en que Falla decidió proyectar luz sobre él con su música, L'Atlàntida era vista como el poema épico que daba carta de naturaleza literaria, en época moderna, a la lengua catalana. Falla, de ascendencia mediterránea por el lado materno – su segundo apellido Matheu revela un origen catalán – percibió desde niño la relación entre Cádiz, su ciudad natal, y Barcelona, «cap y casal de Catalunya» (cabeza y casa solariega de Cataluña). Estuvo en Barcelona en varias ocasiones y tuvo grandes amigos catalanes como Joan Gisbert, Frank Marshall, su maestro Felipe Pedrell o su biógrafo Jaime Pahissa. Muy pronto escribió un quinteto para flauta, piano, violín, viola y violonchelo inspirado por el canto del Ródano del poema de Federico Mistral, Mireia. En el Palau de la Música de Barcelona estrenó el 9 de febrero de 1925 su obra Psyché para mezzosoprano, flauta, arpa, violín, viola y violonchelo. Allí se escuchó también, por vez primera en público, el Concerto para clave y cinco instrumentos (flauta, oboe, clarinete, violín y violonchelo), el 5 de noviembre de 1926. Y en el barcelonés Gran Teatro del

Liceo tuvo lugar un concierto homenaje al maestro gaditano el 17 de marzo de 1927, interpretado por la Orquesta Pau Casals. Recordemos que el gran maestro titular de dicha agrupación había tocado el violonchelo en la première del Concerto, que tuvo como solista al clave a la ilustre Wanda Landoswska.

A consecuencia de este viaje y animado por Joan Gisbert, que le envió el poema de Verdaguer, iniciaría don Manuel la composición de Atlántida. Le ocupó cerca de dos decenios de su vida y la preocupación y esfuerzo por dar fin a tan ambicioso proyecto, unidos a su delicada salud, acaso precipitaron su muerte. Cuando falleció el 14 de noviembre de 1946 en Alta Gracia (Córdoba, Argentina), Atlántida no estaba terminada.

Los manuscritos originales, hasta entonces en su poder, se enviaron a España en una valija cerrada y sellada, custodiados por su hermana María del Carmen, en el vapor Cabo de Buena Esperanza, que transportaba también el cadáver del compositor. Zarpó de Buenos Aires el 22 de diciembre. En Santa Cruz de Tenerife llevaron el ataúd al Ayuntamiento, depositándolo en una sala preparada para ello, con un crucifijo antiguo. Después lo trasladaron al buque de guerra de la Marina española El Cañonero que continuó viaje hasta Cádiz, donde los restos del gran compositor hallaron sepultura en al cripta de la catedral, frente a un altar donde se puede decir misa.

En su tumba se lee la inscripción que era su lema: Soli Deo honor et gloria.

Los herederos eran sus dos hermanos: Germán y María del Carmen, y a ellos incumbía el destino que debía darse a aquel «sinfín de papeles» referentes a Atlántida, como los calificó Valentín Ruiz-Aznar, maestro de capilla de la catedral de Granada cuando, en noviembre de 1949, se los mostró Germán de Falla. Él fue el primero en ordenar aquella barahúnda de escritos, separando los que parecían ya terminados y en limpio de aquellos meros apuntes o simples esbozos.

El año anterior, el nuevo Estado español nacionalista y dictatorial surgido de la guerra civil (1936-39), quiso celebrar el centenario de Cervantes con toda solemnidad y pronto salió el asunto de Atlántida a la palestra. Germán de Falla había entregado a Ruiz-Aznar unas cuantas páginas con números terminados, concretamente el Prólogo, el Sueño de Isabel y la Salve a 4 voces mixtas (sopranos niños, dos tenores y bajo). Pero le fueron requeridas por el sacerdote músico

Nemesio Otaño, presidente de una comisión ministerial encargada de obtener lo escrito por Falla para Atlántida. Ruiz-Aznar entregó lo poco que tenía a Otaño pero, pasado un tiempo, le escribió Germán de Falla muy contento por haber recuperado aquellas páginas que creía ya perdidas en algún sótano del Ministerio. La comisión se las había devuelto y guardó silencio sobre el posible estreno de Atlántida. Ruiz-Aznar creyó (y así lo comunicó en una larga carta a Ernesto Halffter, el discípulo más conspicuo de Falla) que las páginas entregadas no correspondían a lo esperado en las esferas oficiales, ni en calidad ni en cantidad. Pensó que el hermano de Falla le había ocultado la parte más importante de la obra para evitar un estreno a toda prisa y el riesgo de una mediocre interpretación, algo que hubiese horrorizado a don Manuel.

Nadie sabía en qué estado se hallaba la composición a la muerte de Falla. Fuera cual fuese, se trataba de algo nuevo y ambicioso, pero como tantas cosas de aquella España, rodeado de un misterioso secretismo. Sin embargo, todo estaba encerrado en aquel montón de papeles no fáciles de ensamblar, pero emanados de una artista maduro, de gran técnica compositiva y alto nivel de autoexigencia. El propio Ernesto Halffter dijo en cierta ocasión: «A Ravel tres compases le llevaron varios meses de trabajo.» Y Falla era en eso como Ravel.

De hecho, ya había referido por carta a Halffter su esfuerzo por terminar Atlántida. Y para su discípulo, la expresión "por terminar", parecía sugerir que la mayor parte de la obra estaba hecha. Además sabía, a través del pintor José María Sert, elegido para pintar los decorados del estreno, que Falla había interpretado en el piano para él gran cantidad de pasajes; según Sert, prácticamente la obra completa. Pero realmente sólo estaba totalmente terminado el Prólogo y casi acabada la primera parte (El incendio de los Pirineos y el Cántico a Barcelona) aunque faltaban detalles por rematar. La segunda parte era la menos trabajada. Unicamente las voces estaban trazadas en esbozo, pero faltaba mucho por hacer. La tercera, fundamental por el protagonismo de Colón y de reina Isabel la Católica se hallaba muy adelantada, en particular El sueño de Isabel, La Salve en el mar y el Coro de La noche suprema, que hoy culmina la obra.

Unos años después de morir Falla, a comienzos de la década 1951-60, se celebró en Barcelona una reunión durante la cual se propuso que la terminación de Atlántida se encomendase a una serie de compositores españoles de prestigio, a Conrado del Campo, Julio

Gómez y Jesús Guridi; incluso se pensó en un joven sobrino de Ernesto Halffter, el madrileño Cristóbal Halffter, hoy uno de los más destacados compositores españoles. No se habló para nada de otros discípulos de Manuel de Falla: Rosa García Ascot, Jesús Bal y Gay, Gustavo Pittaluga, Joaquin Nin-Culmell y Ernesto Halffter. Este último era, sin duda, el más próximo al maestro, quien, años antes, le había puesto al frente de la Orquesta Bética de Sevilla, fundada por el propio Falla. De la confianza que el gran músico andaluz había depositado en el joven Ernesto da idea la siguiente anécdota.

Manuel de Falla se trasladó a Argentinaen el año 1939 (salió de su casa granadina, calle Antequeruela Alta núm. 11, el día 28 de septiembre).

En Buenos Aires tuvo relación pronto con el compositor Jaime Pahissa, con Ortega y Gasset, Gregorio Marañón, y con el ilustre histólogo castellano Pio del Rio Hortega, con quien se veía en el bar del Hotel Castelar de la Avenida de Mayo. Hizo una buena amistad con el compositor argentino Juan José Castro y con el doctor Pedro Ara, consejero de la Embajada de España. Ara fue el médico que embalsamó el cadáver de Eva Duarte de Perón y del propio Falla antes de su traslado a España para ser enterrado en la catedral de Cádiz.

Un día que estaba Pedro Ara de visita en la última residencia de Falla, el chalet Los Espinillos en Alta Gracia, al verle trabajar sobre los papeles de Atlántida, le comentó: «Maestro, esto no hay quien lo entienda, tal y como lo tiene.» Pero Falla replicó inmediatamente: «No se preocupe, hay una persona que entenderá todo este lío: Ernesto Halffter.» Por eso, antes de que apareciese un motorista (como ocurría en la época de Franco) a reclamar los papeles de Atlántida, Germán de Falla decidió entregárselos, poco a poco, a Ernesto Halffter.

En la citada carta del compositor Valentín Ruiz-Aznar, primero en recibir papeles de Atlántida de las manos de German de Falla, carta dirigida a Ernesto Halffter, le advierte: «pensar que con los materiales existentes, tan imprecisos pueda alguien terminar Atlántida, es pensar lo imposible.»

Sin embargo, Ernesto realizará esa hazaña en solitario, dejándose en ello buena parte de su tiempo de vida y por tanto, de su actividad creadora, entre 1957 y 1961. Después del estreno mundial de la obra en el Gran

Teatro del Liceo de Barcelona (24 de noviembre de 1961) bajo la dirección de Eduardo Toldrá, Atlántida recorrió diversas ciudades de España, Europa y América. Recordemos Cádiz, Milán, Granada, Edimburgo, Santander, San Sebastián, Nueva York, Berlín, Madrid y Buenos Aires.

En el Teatro alla Scala de Milán se presentó la versión escénica el 18 de junio de 1962 dirigida en lo musical por Thomas Schippers, decorados de Nicola Benois y dirección escénica de Margherita Wallmann. Se cantó en una traducción al italiano de Eugenio Montale (1896-1981), el gran poeta genovés autor de Ossi di seppia (1925). Si en Barcelona la reina Isabel había sido Victoria de los Angeles y el Corifeo Raimundo Torres, en Milán lo fueron Teresa Stratas y Lino Puglisi. Ernesto Halffter había hecho un gran esfuerzo, más para él, que vivió siempre con el recuerdo de su maestro y una admiración sin límites hacia su arte y su persona, mereció la pena. En Milán confesó: «Habiendo una gran cantidad de material musical, consideraba un verdadero crimen dejar inacabada la obra. Pero también, en privado, quien esto escribe, le oyó decir: En cantidad yo he trabajado más que Falla. Lo he seguido en lo que me ha sido posible, intuyendo a veces sus intenciones, pensando en la evolución armónica del maestro desde

La vida breve hasta el Concerto para clave. En Turandot, Puccini lo hizo todo menos la última escena. Su discípulo Franco Alfano lo terminó lo mejor que pudo, hasta el punto de haber orquestado mejor que Puccini esos diez minutos finales. Pero lo tenía todo, y principalmente el tema de amor. En Atlántida es todo lo contrario. Por ejemplo, de La voz divina ha dejado Falla hasta ocho inicios diferentes, que son cuatro compases. Después para colmo, no hay nada. Se pretendió que yo arreglase el libreto, que tenía dos finales, y rehiciese la obra en siete meses. Los herederos de Falla y de Ricordi querían lo imposible. La casa Ricordi había comprometido el estreno de Atlántida para una fecha concreta sin contar conmigo. Trabajé como un desesperado porque Margarita Wallmann, que era el gran amor de Valcarenghi, director de la casa Ricordi, había sido elegida para montar Atlántida.Y ella quería hacer un final apoteósico, en el cual apareciese Santa Teresa, Hernán Cortés y otras figuras de la historia española. Si me descuido hubiese sacado al Generalísimo Franco.»

Respecto a la ausencia de música para la segunda parte, la de los titanes, e incluso cosas de la tercera, son significativas estas palabras de Halffter, un año antes de morir: «Falla pensaba en el Hosanna unido a un

Alleluia...deseaba...bueno, tantas cosas... y las he tenido que hacer yo. Quiero, por ejemplo, rehacer el Hosanna y el Alleluia. A veces pienso, pese a disponer de tanto material, que tienen que faltar muchas cosas. ¿Se explica, por ejemplo, las seis trompas para tocar pianissimo en El sueño de Isabel? Eso es de locos.»

Esta declaración indica que Ernesto pretendía seguir revisando y haciendo Atlántida más completa ¡en 1988!, La primera versión de 1961 no le convenció y, tras el estreno y las primeras ejecuciones en España, Italia, Reino Unido, Estados Unidos, Alemania y Argentina, decidió iniciar una revisión a fondo. Y otra vez «la pobre Atlántida», como la llamaba Falla en los últimos años, volvió a la mesa de operaciones, pero ahora para ser amputada en mas de mediahora de sus casi dos horas iniciales. Según el crítico Enrique Franco, el primero en examinar todo el legado de Manuel de Falla y un gran estudioso de la obra del maestro gaditano, las 346 páginas de la versión de 1962 editada por la casa Ricordi, se redujeron a 105 en la segunda.

Halffter trabajó, especialmente, en la segunda parte, que era, a su vez, la que más tiempo le había ocupado al elaborar la versión de 1961. Perfeccionó algo de lo que había hecho, suprimió también pasajes enteros y, con su anuencia, el director español Jesús López Cobos, presentó una nueva versión el 9 de septiembre de 1976 en la desaparecida Kunthaus de Lucerna, durante el Festival Internacional de Música de la ciudad suiza. Dirigió los coros de la Radio Alemana del Norte, Coro de niños y Orquesta Sinfónica de la Radio de Colonia. La soprano Gwendolyn Killebrew encarnó a la reina Isabel I de Castilla y Roland Hermann al Corifeo. La primera parte queda igual, pero acaba con el himno o Cántico a Barcelona y no con el Canto a la Atlántida que, junto al Jardín de las Hespérides, pasa a la segunda parte. En ésta se han suprimido algunos pasajes como el coro final de La voz divina, Hundimiento, El Arcángel, Non plus ultra, la parte latina que entona el coro al comienzo de Las carabelas, el primitivo final de la tercera parte, ahora finalizada con La noche suprema, etc.

Halffter, tal vez incómodo por haber suprimido tantas cosas de su trabajo, revisó de nuevo la partitura, incluyendo buena parte de lo eliminado en Lucerna. La nueva versión de 1977, intermedia entre la muy extensa de 1961 y la de Lucerna, fue ofrecida por la Orquesta Nacional de España en el Teatro Real de Madrid los días 20, 21 y 22 de mayo de ese año. Dirigió Rafael

Frühbeck de Burgos y la soprano Enriqueta Tarrés y el barítono Enrique Serra fueron la Reina y el Corifeo.

Frühbeck siempre ha creído, sin embargo, que Atlántida, sin quitar mérito a la labor de Ernesto Halffter, se tocaría más y gustaría más al gran público en una suite de unos cuarenta minutos de duración, una suite basada principalmente en lo que Falla dejó terminado o, en cualquier caso, claramente esbozado.

Cuando Frühbeck presentó Atlántida en el Festival de Edimburgo, de 1989, su selección, similar al que hizo Cristóbal Halffter cuando la dirigió en Turín, consistía en el Prólogo completo, el Himno hispánico y el Aria de Pirene de la primera parte, nada de la segunda, y Sueño de Isabel, Salve en el mar y La noche suprema en la tercera. Es decir, alrededor de media hora de música, lo que le obligó a ofrecer a continuación La vida breve. Frübeck sabe bien que, en las dos horas largas de música preparadas por Ernesto para esa Atlántida escenificada, hay al menos cuarenta y cinco minutos hermosísimos. Pero el maestro castellano prefiere hacer Atlántida en versión de concierto. Si es posible en una iglesia, como la que hizo en los Jerónimos de Granada. Porque ni la versión escenificada de Berlín, con Zefirelli de director escénico, ni la primera de la Scala con

Margherita Wallmann, llegaron a convencer. Fruhbeck pensaba que lo ideal hubiera sido escenificar Atlántida en el antiguo convento de San Telmo, hoy Museo, en San Sebastián. Allí caben tan solo quinientos espectadores, pero se pueden contemplar los grandiosos frescos de José María Sert, muy acordes con la opulencia argumental y verbal del poema de Verdaguer, pero no tanto con la música desnuda y escueta del último Falla. Esa concisión, esa falta de retórica ha sido el mayor enemigo de Atlántida como obra escénica. Un libreto de ambición y ecos wagnerianos, victorhuguescos, que no casa bien con el arte final de don Manuel. El propio maestro andaluz lo había adaptado según su gusto, eligiendo los versos del poema de Verdaguer que le convenían, o alterando levemente expresiones (en vez de «nèts d'Hesperis», por ejemplo, Falla dice «fills d'Hispania», donde pone «Allí a l'altar de Júpiter» pone «Alli, cap a llevant») utiliza algún fragmento de las «profecías» de Séneca y para El juego de las Pléyades, como falta texto, a través de su paisano, el dramaturgo y poeta José María Pemán (1898-1981) se lo pidió al ilustre escritor y poeta catalán Joseph María de Sagarra (1894-1961).

Por cierto, Frühbeck de Burgos eliminó este bello pasaje de la segunda parte de Atlántida ("las muchachas en flor de la música española") por razones prácticas. ¿Qué organización va a contratar a cinco solistas de calidad para unos minutos, además de las dos que encarnan a Pirene y a la reina Isabel? También considera el maestro castellano, que llevó a cabo la grabación más completa que existe de Atlántida, la enorme dificultad de la parte del coro, un grave inconveniente para interpretar la partitura completa. La preparación de la totalidad coral de la obra comporta un esfuerzo que pocas agrupaciones no profesionales quieren asumir, y las profesionales suelen quejarse.

La muerte de José María Sert (1876-1945) dejó Atlántida huérfana de aquel cuyos grandes frescos, ahora quizá lienzos, iban a ser el fondo del escenario en que se «representase» la gran cantata de Falla. El compositor consideró que, sin Sert, debía pensar Atlántida como una obra puramente musical. Sin embargo, él no podía presentir las inmensas posibilidades que el mundo de la imagen iba a recibir de la tecnología en la segunda mitad del siglo XX. Y esa Atlántida reorganizada y puesta a punto por Halffter puede resucitar entera pese a los problemas de toda creación inacabada, a veces perceptibles en la coherencia de un discurso no del todo lógico ni bien trabado, como lo era el de otras piezas de juventud y primera madurez de Falla, o el de una partitura más tardía en el tiempo, El retablo de maese Pedro. Buena prueba de que una Atlántida representada es posible, la tuvo el público del Festival Internacional de Música y Danza de Granada cuando, en 1996, la compañía teatral La Fura dels Baus presentó una versión escénica ante la bellísima fachada de la catedral en la plaza de las Pasiegas, obra de Alonso Cano. Al final, tras un espectáculo lleno de vida, un despliegue, casi circense, de movimiento y de fantasía, en una obra que da alas a la imaginación escénica de La Fura, la puerta se abrió y pudo verse, iluminado, el interior esplendoroso del magno templo renacentista. Dirigió a la Orquesta de Barcelona y Nacional de Catalunya el maestro Josep Pons, actualmente director de la Orquesta Nacional de España. Gerard Mortier, entonces el director del Festival de Salzburgo, se entusiasmó hasta el punto de contratar a La fura dels Baus para acometer otro importante desafío escénico, La damnation de Faust de Berlioz. Los que tuvimos la fortuna de asistir a aquella Atlántida granadina no lo hemos olvidado. ¡Granada y Manuel de Falla!

La legendaria historia

Todavía los arqueólogos siguen trabajando a la busca de la desaparecida Atlántida, descrita por el filósofo Platón en Critias y Timeo (siglo IV antes de Cristo) al hablar de la remota existencia de una isla situada más allá de las columnas de Hércules, próxima al estrecho de Gibraltar. Platón habló de Atlántida como una república perfecta, donde se desarrolló una civilización pacífica. Se trataba, probablemente, de una ficción del autor de los Diálogos para exponer su modelo político y social.

La teoría más extendida es la de la existencia de una isla entre la Península Ibérica y el Atlas del norte de Africa, pero también se cree que Atlántida era la propia Península más varias islas (Cabo Espartel, por ejemplo, que se hundió hace once mil años). En tiempos remotos Iberia fue considerada una isla. Por otra parte, los cataclismos geológicos favorecen la leyenda y alejan a los científicos de lo que créen un mito sin fundamento. Pero hay arqueólogos dispuestos a buscar en las profundidades restos o pecios que les confirmen que Atlántida existió.

La leyenda nos cuenta que Poseidón, rey del mar, había llegado a esta isla (Nésos), habitada por Cleito, y tuvo de ella cinco pares de gemelos.

El mayor fue Atlas, un gigante que sostuvo con sus enormes manos la bóveda celeste y vigiló el jardín de las Hespérides en la isla de Atlántida, de la que fue el primer rey. El héroe griego Alcides o Hércules (Heracles), logró uno de sus doce legendarios «erga», el robo de las manzanas de oro del jardín de las Hespérides, no lejos de la morada de Atlas, que fue metamorfoseado en cordillera, situada al noroeste de Africa.

Atlantis, que algunos han identificado como el reino de Tartessos, era una tierra rica y fecunda. Sus habitantes nadaban en la abundancia y prometieron no hacer la guerra.

Como la promesa fue incumplida, los dioses decidieron sepultar la isla bajo las aguas del océano. Con su hundimiento desapareció el templo de plata de Poseidón y el de oro de Cleito.

Platón asegura que el segundo hermano de Atlas reinó en Gadeira, un nombre que para muchos dió lugar al de

Gades, la ciudad que llamamos hoy Cádiz, lugar de nacimiento de Manuel de Falla.

Argumento de «Atlántida» de Falla

Prólogo

Cierto muchacho genovés, superviviente de un naufragio, logra llegar a tierra. Es el futuro navegante Cristóbal Colón. El corifeo o narrador y el coro, cuentan la historia del castigo que los dioses infligieron a los habitantes de la Atlántida, el continente hesperio. La isla fue hundida en el océano y aún arroja el Teide fuego de sus entrañas. Sólo se salvó la tierra de España por decisión del Altísimo, amarrada, como una góndola a la cordillera pirenaica. Dios puso en esa tierra todos los tesoros de la desaparecida Atlántida, y la situó, como a Venus, entre dos mares. ¿Quién salvará a España de un nuevo cataclismo? El coro nos lo dice al comienzo del Hymnus hispanicus: ¡El Altísimo!

Primera parte

El Corifeo explica al muchacho los trabajos de Alcides, conduciéndole hacia España, donde los montes Pirineos están en llamas. Salva del incendio a la reina Pirene, la cual, desfallecida y moribunda, cuenta su historia. Es una princesa, hija de Túbal. Al morir su padre, un monstruo de tres cabezas, Gerión le arrebata el trono y pone fuego al Pirineo para que ella perezca. Pirene implora venganza a Alcides. Éste acepta y de pronto, ve acercarse entre las olas a una barca, «como cisne de alas blancas», que se apresta a llevarle hasta el Sur, donde reina ahora el usurpador tricéfalo Gerión. Alcides hace votos de fundar, allí donde apareció la barca (barcino) misteriosa, una ciudad. El coro entona el cántico a Barcelona y a su hercúleo fundador.

Segunda parte

El Corifeo nos narra ahora el veloz viaje de Alcides hacia la raya de Gades. Al fin, el héroe salta a tierra para acometer al vaquero tricéfalo Gerión que, atemorizado al verle venir blandiendo una porra, se arrodilla a sus pies y le dirige una serie de alabanzas, entre ellas la de que él es el hombre presentido, por el rey Atlas como su sucesor y dueño de esas tierras. Alcides intuye la falsedad de Gerión y sospecha alguna trampa mortal para deshacerse de él, pero al divisar a lo lejos la fértil llanura española, el coro entona su canto a la Atlántida, esa tierra entre el Pirineo y el Atlas africano, llena de tesoros y regada por grandes ríos. Alcides obedece a la engañosa sugerencia del tricéfalo y, abriéndose paso entre una vegetación exuberante, entra en el huerto donde bailan las doncellas hespérides.

Las siete hermanas – Maya, Aretusa, Caieno, Eriteia, Electra, Esperetusa y Alcione – juegan y danzan con naranjas y se adornan con cerezas bajo un sol resplandeciente; cantan y sienten el deseo de amar. Cuando ven a Alcides, las siete pléyades se percatan de que él es el héroe anunciado por Atlas, su padre. El corifeo nos cuenta que Alcides, sin atender a las doncellas, se acerca al árbol donde vigila el terrible dragón que cuida el huerto de las siete princesas. El monstruo blande su cola como una lanza, pero el hijo de Zeus, de un mazazo, le aplasta la testuz, salpicando las flores del jardín con su veneno sanguinario. Sin su guardián, las pléyades perecen arracimadas bajo el naranjo.

Quedan sus nombres escritos, con astros luminosos, en los confines del cielo.

Alcides vuela hacia Gades, abriéndose paso entre los montes y cruzando a nado los ríos. En la ciudad, hija de la ola, planta en un ribazo la rama del jardín de las Hespérides. El coro nos explica que crecerá el árbol y pronto sus renuevos, adornarán la tierra de Atlántida, sobre los campos de España. Junto al esqueje nace triunfante un árbol lloroso, el drago de Gades, que con lágrimas de sangre, llora la muerte del dragón del naranjo de Hesperia. Pero para lavar ese crimen, voces mensajeras piden a Atlántida que se arrodille y rece antes de ser fulminada por la cólera del cielo. La voz divina recuerda al hombre cuánto puso a su disposición para su felicidad: mares, astros, continentes e inteligencia. Pero el hombre, el atlante soberbio, se sublevó con el pecado contra su mandato.

Entonces, la voz celeste anuncia una catástrofe para el pueblo vicioso y desobediente, la de sumergir aquel continente en el mar. Los titanes no podrán evitarlo. Alcides erige dos columnas sobre las que graba 'Non plus ultra', con su espada.

Tercera parte

Lo anterior sucedió en tiempos remotos. Ya no hay narrador. Vemos al muchacho que naufragó, Cristóbal Colón, ya adulto. Se divisa el Atlántico y las columnas de Hércules (Alcides). El hombre camina pensativo hacia ellas. Mensajero de Dios, siente nacer un mundo nuevo de la sumergida Atlántida. Marinero profético, busca una estrella y escucha en su interior el vaticinio de Séneca: el Océano será cruzado y ya no será Thule el fin de la tierra. Sueña y ve a la reina de las reinas que en el mundo han sido, Isabel de Castilla, reina de España.

En su palacio conquistado, la Alhambra de Granada, Isabel sueña con una paloma mientras borda. Con su pico, le arrebata su anillo de desposada. La sigue con gran disgusto y ve que la paloma deja caer el anillo sobre las olas, como si quisiera simbolizar las bodas de España con el mar. Al caer el anillo surgen islas llenas de flores y verdor. La paloma hace una guirnalda de aquellas flores y la coloca sobre las sienes de la reina. Isabel se despierta y llama a Colón, el marinero soñador y adivino. Cuando acude le entrega sus joyas para que pueda emprender la gran aventura. El sol llena la estancia con una claridad excelsa y rodea a Isabel y

Fernando, reyes de España, y al navegante providencial, con una aureola de gloria.

Colón y sus compañeros, se disponen a partir hacia donde les guíe la estrella de la esperanza. El ángel que cubría ayer a Granada con alas inmensas, vuelve a moverlas para impulsar tres carabelas por el océano en busca de nuevas y desconocidas tierras. Gallegos, castellanos, catalanes, cántabros, andaluces… gentes de toda España, rezan a la Maris Stella, mientras las frágiles naves se adentran hacia alta mar. Se escucha la Salve a la madre del Redentor para que les guíe hacia el presentido continente.

Luego, en cubierta, inmerso en el silencio augusto de la noche, solo quebrado por el ruido del viento y de las olas, Colón vela. Su alma vibra emocionada en ferviente comunión con el Creador y con lo inabarcable de lo creado.

***

Un buen amigo de Falla, el escritor y periodista José María Pemán, llevó a cabo un resumen completo, en prosa, del contenido literario de Atlántida que incluye todos los números de la primera versión de Falla, la de Barcelona. Nosotros hemos seguido fundamentalmente la de Lucerna, un tanto abreviada respecto a la de Barcelona, pero más apta para ser ofrecida en concierto. Quien se interese por la narración de Atlántida de Pemán puede encontrarla en el programa de mano de la Orquesta Nacional de España correspondiente a su temporada 1976/1977, del concierto en el que Rafael Frübeck de Burgos dirigió, los díos 20, 21 y 22 de mayo, una versión supuestamente «completa» (así se indica en el programa de mano). El escritor y académico gaditano explicó el argumento con un texto claro y poético que debería reproducirse cada vez que se interpreta la gran cantata escénica de Falla. Según Pemán, en el libreto elaborado por su paisano don Manuel, se aprecia como el poema de Verdaguer «es mucho más que un poema de exaltación hispánica, pues está escrito con la ambición de cantar el triunfo del descubrimiento de América. Por otra parte, recoge las ilusionadas palabras del compositor: «Atlántida es la obra en la que he puesto mayor entusiasmo. Desearía tener salud para poder terminarla. Será bastante compleja y en ella he respetado el texto del poema de Jacinto Verdaguer, no solo por la profunda admiración que el poeta catalán merece, sino también porque la Atlántida existía dentro de mí desde los años de la infancia. En Cádiz, mi ciudad natal, se me ofrecía el Atlántico a través de las columnas de Hércules y mi imaginación volaba hacia el más bello jardín de las Hespérides.» Enrique Franco nos cuenta que fue Max Reinhardt (1873-1943), el célebre director y productor teatral austríaco, quien animó a Falla a componer una «cantata escénica», sugiriéndonle algún argumento de Calderón. Falla lée y anota el auto sacramental mitológico 'Los encantos de la culpa' que corresponde a la comedia El mayor encanto amor (1639), base también de la ópera de Ruperto Chapí Circe (1902). Es un tema que procede del décimo canto de la Odisea, pero finalmente José María Sert le inclina hacia el poema de Verdaguer. Antes de la muerte del pintor barcelonés, Falla se había despreocupado de la posible escenificación y sólo pensaba en la música. No había renunciado, por supuesto, a interpretar Atlántida ante un telón pintado, o incluso con proyecciones fotográficas y hasta cinematográficas, pero prefería un escenario histórico o el altar mayor de un templo con su imaginería o retablo.

Lo peor, en cualquier caso, era su mala salud, esa lucha contra las dolencias de un cuerpo enfermizo que le obligaba a un muy lento avance de su gran obra, una marcha como él decía «a pi cé ojito».

Una anécdota que nos hace sonreir amargamente viene a dar idea de la obsesión de don Manuel con Atlántida y su cataclísmico hundimiento. Con motivo de su viaje a Buenos Aires, el día 28 de septiembre de 1939 varios amigos acudieron a su casa granadina para despedirlo, entre ellos el pintor Hermenegildo Lanz. Este último, nada más partir don Manuel con su hermana María del Carmen, fue a su estudio y redactó unas páginas que describían la triste despedida en el pequeño comedor de la Antequeruela, lleno de maletas. Estaba su hermano Germán con su esposa y la hija de ambos Maribel, hoy heredera del legado del maestro.

En el momento de despedirse del señor Lanz, Falla dijo: «Adiós, hasta la Eternidad, en el fondo del mar tal vez. Lo que sea voluntad de la Providencia...» Y mientras se despedía de los demás, iba repitiendo: «Adiós, hasta la Eternidad, allí nos volveremos a encontrar todos; en el fondo del mar estaré solo, es lo mismo, no importa; lo que sea voluntad de la Providencia...»

Más precisiones sobre *Atlántida*

Manuel de Falla trazó el libreto de Atlántida por el mismo sistema que el de El Retablo de Maese Pedro, extrayendo, sin apenas tocarlo, fragmentos del poema de Verdaguer, como había hecho con el texto de Cervantes al tomarlo del Quijote. La unidad del prólogo y de las dos primeras partes se logra a través del narrador o «Corifeo», término este último tomado del griego y es aquel que conducía el coro de las tragedias (corufaios, que está en un lugar elevado). El Corifeo viene a ser aquí lo que era el Trujamán en El Retablo, aunque en el caso del Corifeo ha de ser un barítono de fuerza.

La pobre Atlántida, como la llamaba el propio Falla, se compuso con grandes intermitencias a causa de la quebradiza salud del compositor. Iniciada, como dijimos, hacia 1927, a comienzos de los años treinta, la enfermedad comenzó a hacer presa en su pequeño cuerpo. En 1933 se traslada a Mallorca en busca de una mejoría física que le permitiese disfrutar de la ansiada paz del espíritu. Cada día se siente más inmerso en una religiosidad hondamente sentida desde un acendrado catolicismo. En Mallorca se ocupa de las que él denomina «interpretaciones expresivas» de la gran polifonía clásica, en especial la de Tomás Luis de Victoria (1548-1611). Su amigo, el sacerdote y compositor Juan María Thomás (1896-1966) es su gran valedor durante la estancia en la hermosa isla mediterránea. Thomás, buen músico y excelente escritor, humanista y gestor musical, dirigía la Capella Clássica, para la cual Falla escribió la Balada de Mallorca, cuyo texto extrajo del canto X de L'Atlàntida de Verdaguer. Es una hermosa pieza coral a 4 voces mixtas, basada en la Balada núm. 2 en Fa mayor, Op. 38, de Chopin, quien durante su estancia en Mallorca, debió quedar impresionado de la gracia y la indolencia que desprende la música de las islas Baleares.

Falla revivió en Mallorca y dió un impulso importante a su Atlántida. Ya convaleciente pudo visitar esos lugares de ensueño (mucho más paradisiacos entonces que hoy) llamados Deiá, Miramar, o Raixa. Visitó Son Vent, la casa de Chopin en Establilments, leyó a Llorenç Riber, a Rusinyol, a Joan Alcover y, por supuesto, a Ramón Llull.

Mallorca caló muy hondo en la delicada sensibilidad de aquel buscador de pureza y soledad sonora.

Don Manuel abandonó la isla el 18 de junio de 1934, pero siempre la llevó en el alma. Y Mallorca estuvo presente en su entierro y funeral en la catedral de Cádiz, representada por la Capella Classica, que supo crear aquel día (9 de enero de 1947) el ambiente más digno y adecuado a su recuerdo al entonar el Réquiem de su admirado Tomás Luis de Victoria.

Atlántida, la obra en la que resurgen, de una u otra forma, los paisajes más queridos de Falla, pero ante todo el mar de su infancia, parecía iniciar una marcha imparable, cuando el maestro dejó Mallorca. Pero la irrupción de la guerra española (1936-39) vino a echar por tierra aquel impulso.

Lo que menos se hubiera imaginado Falla en sus años de París, cuando sintió por vez primera la plenitud de la creación, era que iba a acabar sus días en un lugar apartado de la Argentina. Pero la vida nos conduce por caminos insospechados, y nadie puede saber con certeza cual será su último habitáculo en este mísero mundo.
La última morada de don Manuel en vida, fue un bonito chalet de aire vasco, llamado Los Espinillos, en la parte más elevada de la villa de Alta Gracia, en la provincia argentina de Córdoba. Allí se había instalado el 28 de noviembre de 1942 con idea de trabajar con tranquilidad

sobre «la pobre Atlántida». Venía de Villa del Lago y de Villa Carlos Paz. Antes de dirigirse a aquellos parajes apartados de la sierra de Córdoba (¡qué coincidencia con el último movimiento de sus Noches en los jardines de España!) había estado en Buenos Aires, a donde llegó el 18 de octubre de 1939, invitado por la Institución Cultural Argentina.

Don Manuel llegó enfermo a Los Espinillos. Sin embargo había dejado una España tan postrada y bárbara, una Granada tan decaida y llena de rencores, que Argentina alivió un tanto sus pesares.

Los conciertos dirigidos por él en Buenos Aires los días 4, 11, 18 y 23 de noviembre, ayudado en la ardua tarea por su amigo el compositor Juan José Castro, evidencian la veracidad de un constante latiguillo de sus cartas: «los ánimos nunca me faltan.»

Pero la enfermedad arreciaba y don Manuel pasaba de médico en médico sin poder frenar sus hemorragias, los sudores fríos, las constantes «iritis». Su miedo a los contagios, a la contaminación, llegó a convertirse en manía. El aseo personal, la desinfección, la preparación e ingestión de medicamentos, le llevaba cerca de cinco horas al día. Si a ello añadimos la atención a la correspondencia, la necesidad de reposar después de las comidas, las visitas… ¿cómo no iba a marchar Atlántida a ritmo lento?

Pese a recibir invitaciones de otros países, en primer lugar de las autoridades españolas surgidas tras la guerra (a ello me referiré en un último apartado), y una muy formal invitación desde Suecia, Falla permaneció en Argentina hasta su muerte. El paisaje de Alta Gracia, trasunto de su Andalucía, su casa a la española, con los cipreses y la proximidad de la serranía de Córdoba, hacían más llevadera la ausencia de su amada España. Paseando por el jardín de Los Espinillos, entre pinos, cactus, naranjos y mimosas, se le ocurrió el motivo de la Noche suprema, misteriosa y última consecución de su arte impar.

La música de Atlántida

Atlántida es, como el 'Concerto de clave', un ejemplo del Falla escueto, enemigo de la «paja» y la retórica. Ahora bien, mientras el Concerto es una obra instrumental, con lo que ello supone de abstracción y asemanticidad, y Falla lo escribe para clave y cinco instrumentos, Atlántida está compuesta sobre un texto, en general grandilocuente, con versos de arte mayor, de carácter épico y triunfal en algunos momentos. Por otra parte, requiere un coro muy numeroso. La grabación de Edmon Colomer al frente de la Joven Orquesta Nacional de España, JONDE, necesitó cuatro masas corales diferentes (que pide una intensa preparación, dada la complejidad de la parte coral) y una Escolanía infantil. La orquesta es enorme, con dos pianos, dos arpas, celesta y siete percusionistas. Además de las cuerdas al completo y maderas a dos, requiere cuatro trompas, cuatro trompetas, tres trombones y tuba. También incluye la partitura siete solistas para los papeles principales, uno de los niños, y hasta quince voces para determinados 'soli' a lo largo de la obra. Falla, a pesar de todo, pretendió ser lo más ceñido posible, evitar innecesarios rodeos, aunque se produjeran pequeños huecos en la continuidad dramática de un proyecto que, en manos de otro, podría haberse convertido en una de las partituras más largas de la historia. Es cierto que no sabemos cuál hubiera sido su longitud de haber vivido el maestro para finalizarla, pero Ernesto Halffter heredó de él esa virtud de la concisión, aunque sea a costa de eliminar cosas que facilitarían cierta unidad, no lograda sino a base de un arduo trabajo de perfeccionamiento y depuración.

Si el público español ha sido reticente con el valor de Atlántida, pues esperaba de Falla algo más próximo a lo que bien conoce del maestro gaditano (La vida breve, El amor brujo, Noches en los jardines de España, El sombrero de tres picos), la crítica española, italiana, francesa o inglesa, captó de inmediato la belleza de muchos momentos de la obra. Es verdad que, por el asunto, algunos pensaron escuchar un gran poema sinfónico, como dice Ronald Crichton «al estilo de un Strauss o un Bax» (cuyo The Garden of Fand utiliza un tema parecido), o quizá una película espectacular. Otros, como apunta con gracia Federico Sopeña «esperaban no Atlántida sino Gitánida», pero el mismo Sopeña piensa que debemos relacionarla más con la Sinfonía de los Salmos, de Stravinsky que con cualquier otra obra de carácter mítico. En su libro vida y obra de Falla (Madrid, 1988), Sopeña dice que lo más hermoso de Atlántida no es lo mítico, «es la expresión personal, que quiere ser colectiva, de la religiosidad con la que Falla quiere penetrar en el inconsciente colectivo»".

Bernard Gavoty, crítico musical del diario parisiense 'Le Figaro' con el sobrenombre de Clarendon, escribía después del estreno en Barcelona: «¡Qué obra! No es un Evangelio sino una Summa. No es la búsqueda de un nuevo mundo sonoro, sino un retorno a las fuentes más prístinas de la tradición.»

El Prólogo de Atlántida, acabado por Falla, da comienzo con un breve preludio orquestal que no alcanza el minuto y medio, pero que se inicia, según Ernest Ansermet, con «el más bello encadenamiento de acordes de la música contemporánea». Inmediatamente entra el coro con esta pregunta, dirigida al muchacho salvado del naufragio: «¿Ves ese mar que abraza de polo a polo la tierra?» Todo el Prólogo va a ser tenso y la pregunta mantiene esa tensión, que se relaja al comenzar el relato con la evocación del jardín de las Hespérides.
Pero el segundo párrafo del texto se inicia con mayor fuerza rítmica, que pronto decae para dar paso a la voz infantil. El coro continúa hasta llegar a la frase 'Rey era Atlas', donde cobra un aire grandioso, poco después espiritual y hasta místico cuando se refiere al trono de Dios.

El Corifeo se refiere al cataclismo causante del hundimiento de la Atlántida. Una voz de tenor exclama –¡Oh, Atlántida! ¿dónde estás?. Tras una breve y poética respuesta coral, el Corifeo, con énfasis y energía, da paso al Hymnus hispanicus, uno de los momentos triunfales y ampulosos de la obra, pese a que Falla rehuye tal cosa resumiendo al máximo este fragmento, apenas superior al minuto.

El incendio de los Pirineos es, junto al Prólogo y Atlántida sumergida, uno de los grandes logros de Don Manuel, donde lo poderoso y lo delicado, la gran orquesta y la polifonía a cappella, lo solemne y lo elevado, lo misterioso y casi susurrante, se van alternando a lo largo de siete minutos de gran música.

Llegamos al Aria y muerte de Pirene, uno de los momentos más emocionantes de la obra, más aún si sabemos que este cántico entristecido y monteverdiano, de una sublime sobriedad, es lo último que compuso Falla antes de morir. Resulta maravillosa la entrada del coro después de que la princesa, hija de Túbal, haya expirado.

El Corifeo sigue preparando la siguiente escena en colaboración con un coro impulsivo y pujante. Cada vez, este trujamán solemne y preciso, se va exaltando más para preparar al coro su brillante Himno a Barcelona, la gran ciudad fundada por Alcides.

La segunda parte comienza con el sorprendente fragmento de Alcides (Hércules) y Gerión el tricéfalo. Cantan las tres cabezas de este – un contratenor, un tenor y un barítono – con humor grotesco, juego vocal que anticipa cosas de Britten, en difícil ensamblaje. El fragmento se abre con una fanfarria, a lo Retablo, que introduce a una de las mejores intervenciones del Corifeo. Finaliza el fragmento con un coro susurrante. Luego el Corifeo, mezclado con las voces femeninas del coro, nos dice que Alcides, si bien se ha percatado de la trampa que le tiende Gerión, contempla a lo lejos la planicie verdeante de España. Es el momento en que el coro entona el Canto a la Atlántida, atacando exultante sus siete tetrástrofas en monorrimo alejandrino. En la última", De sus inmensos reinos no ha visto el mar la anchura, la música alcanza una especial grandeza.

Una fanfarria antecede al breve preludio orquestal un tanto debussyano, para entrar enseguida en el jardín o huerto de las Hespérides, con un coro femenino que nos describe el jardín con toques impresionistas. Un solo de soprano, pone fin a este casi epigramático fragmento.

Sigue, lleno de encanto y lirismo, el juego de las Pléyades, compuesto sobre un texto de Josep María Sagarra que da perfecta idea, como la música saltarina de Falla, de aquel lugar paradísiaco. El recuerdo de Parsifal y de las muchachas-flor del jardín mágico de Klingsor, es inevitable. El critico Justo Romero ha resaltado muy bien esa similitud y otras, entre Atlántida y Parsifal, en su libro Falla, discografía recomendada, obra completa comentada (Guías Scherzo, Ed. Península, Barcelona, 1999). Es precioso el momento en que las siete hermanas avistan al héroe Alcides.

El pasaje de Alcides y el dragón nos permite disfrutar de unos instantes orquestales no lejanos a los de 'La vida breve', pero predomina un impresionismo que se hace claro en el lamento y muerte de las Pléyades.

De «maravillosa miniatura» calificó Frühbeck al fragmento «llegada de Alcides a Gades». A la nobleza del relato del Corifeo se suman las muy líricas intervenciones del coro. Aun más concentrado es el pasaje de las voces mensajeras, de las cuales emana un cierto estatismo trascendente. El de «la voz divina» ofrece, junto a trozos corales 'sprechgesang', efectos tímbricos muy valiosos al margen de las campanas.

Recordemos que en toda la segunda parte y, en particular, en El jardín de las Hespérides y en La voz divina, la contribución de Ernesto Halffter ha sido sustancial. Es muy importante y acertado su aporte a la orquestación del Aria de Pirene de la primera parte.

La tercera da comienzo con el fragmento llamado 'El peregrino'. El coro, muy poético, empieza a cantar la profecía de Séneca sobre el tema de 'La noche suprema' en la orquesta. Luego, con grandiosa serenidad, se refiere a Colón, el navegante profético, buscador de un continente nuevo que unirá los extremos de la tierra, y ve a la «reina de las reinas que en el mundo han sido», Isabel de Castilla.

Sobre unos apuntes de Falla, Halffter ha completado la delicada gallarda que sigue, puramente instrumental, y en la que, como apunta Sopeña, aunque transfigurado, nos lleva al ambiente de Psyché.

Y llegamos a uno de los grandes momentos de la partitura, El sueño de Isabel. Una dama de la corte (mezzosoprano) y un paje (niño) preparan la entrada de la voz de la reina Isabel, que nos va a relatar su sueño en un bellísimo romance que enlaza con los recogidos en el siglo XVI por los vihuelistas, pero que tampoco está lejos del romance morisco cantado por Rosalía en el acto primero de La bruja (1882) de Chapí, si bien en él interviene el coro. Se divide en cuatro secciones, muy similares pero perfectamente diferenciadas. El íntimo recogimiento del romance contrasta con el jubiloso coro, paradísiaco en las palabras «del Paraíso». Un coro místico de niños da paso al impulsivo y precipitado pasaje 'Colón y sus compañeros' que despliega toda la orquesta y al breve, heroico y casi cinematográfico 'Las carabelas'. La pasión de Falla por la gran polifonía española del Siglo de Oro, se trasluce en La Salve en el mar, sobre un texto en castellano elaborado por el compositor con una breve plegaria final en latín. Falla ha recogido diversas frases de antiguas tradiciones españolas, una cantiga del rey Alfonso X el Sabio y alguna frase de Gonzalo de Berceo.

?Creo que Halffter hizo bien en remplazar el final previsto por Falla, por esa maravilla que es el fragmento 'La noche suprema'. El breve texto ofrece hasta cinco secciones, desde el fugato inicial de las cuerdas y la entrada celestial del coro hasta el transfigurado final, primero con el polifónico 'Dominus firmamentum meum, Dominus regit me' y, ya con orquesta, el místico 'Dies sanctificatus illuxit super terra', último canto de un hombre que ha renunciado a todo y ya solo puede musitar palabras de alabanza al Creador.

Colofón

Una cuestión no tratada aquí, pero importante en el avance lento y penoso de la composición de Atlántida, es la relacionada con la política y los importantes sucesos y enfrentamientos sociales ocurridos desde 1926 a 1946, tiempo en el que Falla trabaja en su gran cantata escénica. El aparente progreso de la etapa dictatorial del gaditano general Primo de Rivera (Exposición Universal de Barcelona, 1929) tuvo su fin en 1930 y tras un breve e inquietante periodo en el que los problemas económicos se acentuaban y las organizaciones obreras crecían, se proclamó la República, después de unas elecciones municipales, en 1931. Volvió a implantarse la legalidad constitucional a fines de ese año.

Falla, educado en un estricto catolicismo, ya anticuado y superado en muchos aspectos, no recibió la noticia de la marcha del rey Alfonso XIII al exilio ni la llegada de la República con alarma, pues era más inclinado a esta forma de Estado que a la monarquía, pero pronto se mostró contrario a algunas decisiones políticas que afectaban a sus convicciones religiosas. Gran horror sintió al producirse en mayo de 1931 las primeras manifestaciones revolucionarias en Granada, donde se quemaron algunas iglesias y edificios de signo netamente burgués, como el teatro y el casino. A lo largo de los cinco años que condujeron al golpe de Estado en julio de 1936 y la consiguiente guerra civil, tanto la izquierda como la derecha española se habían ido radicalizando. Los enfrentamientos de la iglesia, una parte de la oficialidad del Ejército y partidos nacionalsocialistas fascistoides como Falange Española, contra las decisiones del gobierno y la presencia más tarde en el mismo de ministros de sectores conservadores, motivó la Revolución de Octubre de 1934 en Asturias, reprimida duramente como había ocurrido con las agitaciones obreras en Andalucía o con la sublevación derechista del general Sanjurjo.

Falla, inmerso en su Atlántida, vivió con gran disgusto la imparable secularización de la vida española. El ensayista, crítico y compositor Ramón Barce, en un magistral trabajo titulado Perfiles ideológicos de Manuel de Falla (Revista Música Realtá nº 42, diciembre, Milán), 1993; y Prólogo a Scritti di Manuel de Falla, (Ed. Paolo Pinamonti, Milán, 1993), ha puesto claramente de manifiesto las implicaciones políticas que generó al compositor andaluz su ideología religiosa, extremadamente fiel a sus principios y, por tanto, de una estricta ortodoxia católica, en su caso inflexible, por ser hombre de una fé absoluta.

Por eso no es de extrañar que, después del triunfo del Frente Popular en las elecciones de febrero de 1936, con las radicales manifestaciones y algaradas callejeras que siguieron, las fuerzas derechistas, empujadas por el gran capital y contando con el apoyo del fascismo italiano y alemán, se lanzaran a la aventura de ganar el poder por la fuerza, ya que no habían podido en las urnas. Falla, en principio, se puso del lado de los rebeldes, de aquellos que, él creía, iban a restaurar el malparado catolicismo español. Pero pronto sufrió perturbaciones en su espíritu al enterarse dela tremenda represión que los nacionales (nombre de los sublevados golpistas) ya dueños del poder en Granada, estaban infligiendo a cuantos se mostrasen afectos al gobierno. Se calcula que en el año 1938, el número de victimas mortales en la ciudad, buena parte de ellos fusilados sin opción a una defensa, ascendía a más de 3.500. Para Falla, con la barbarie de la guerra, habían dado comienzo, como él mismo escribió, «los años de desolación».

Son numerosos los testimonios de su oposición a esa barbarie, y de cómo puso en práctica su piedad cristiana jugándose su propia seguridad. El desgarramiento que debió sufrir tras el asesinato de Federico García Lorca y aún mayor al ver detenida a una vecina suya, la modista Rosario Fregenal, dejó heridas incurables en su espíritu. Su «yo me voy, yo me voy», a la salida del Gobierno Civil de Granada, tras ser tratado con desprecio e incluso amenazado por interceder a favor de su joven vecina, es el resultado de una profunda decepción por el comportamiento salvaje de «los suyos». Aunque se vea obligado a firmar una adhesión al nuevo régimen, Falla no aceptará la oferta franquista de presidir el recién creado Instituto de España y una vez ido, no querrá regresar, excusándose primero con la guerra y cuando ésta finaliza, diciendo que volverá «cuando Europa empiece siquiera a estabilizarse».

En el fondo, Falla no vuelve para no tener que enfrentarse a los «restauradores del catolicismo» en España. Pero ha de negarse muchas veces al regreso que, si no fuera por Franco y los suyos, ansía. Se convierte así en un hombre extraño, para los exiliados y para los franquistas. Él no explica nada, apenas deja traslucir su enorme desencanto hacia todo. Ya no es capaz de trabajar en Atlántida ni en nada, después de los horrores que ha visto y vivido.

Un católico profundo perseguido por el franquismo, el poeta y dramaturgo José Bergamin, escribió: «Falla no parecía un santo, era un santo.» Pero no creemos que la Iglesia Católica se atreva a reconocer esa santidad.

ANDRÉS RUIZ TARAZONA

Nacido en Madrid. Licenciado en Derecho. Estudios de piano y música con Angel Martín Pompey, y de Historia del Arte y de la Música con los profesores Sopeña, Gaya y Nuño y Azcárate.

Fundador de la revista Aria, colaborador de Radio Clásica de RNE y de Televisión Española, donde ha presentado y dirigido diversos programas musicales. Tiene publicados numerosos trabajos sobre música y colabora en importantes diarios y revistas. Ha ejercido como crítico musical en el diario El País y es colaborador de las revistas Scherzo, Ritmo, Melómano y Diverdi.

Premio Nacional de Crítica Discográfica en 1980. Director del sello discográfico ETNOS, con el que obtuvo premios nacionales del disco. Fue subdirector de la Revista de Musicología de la SEM, Consejero Musicológico de la Sociedad Estatal Quinto Centenario, director del Area de Música de la Consejería de las

127

Artes de la Comunidad de Madrid y Director General del INAEM. Ha sido comisario de la Exposición «90 años de la OSM» y de la Exposición de Apertura del Teatro Real de Madrid. Ha pronunciado más de un centenar de conferencias, desde la Universidad de Coimbra, pasando por la Academia Liszt de Budapest hasta el 'Royal College of Music' de Londres.

En la actualidad es Consejero Técnico del Area de las Artes del Ayuntamiento de Madrid.

1876–1946

Manuel de Falla

Opus Musica

www.ingramcontent.com/pod-product-compliance
Lightning Source LLC
Chambersburg PA
CBHW020005290326
41935CB00007B/317